선거
정음

정현태

글통

생각과 시도

'생각하지 않고 어찌 얻을 수 있으며, 시도하지 않고 어찌 이룰 수 있겠는가?' 동양 최초의 정치 교과서인 서경書經(상서尙書)에 나오는 명문이다. 생각과 시도야말로 정치인이든 다른 직업의 종사자든 목표를 세우고 이루기 위해서 반드시 거쳐야 할 과정이라는 것이다. 아무리 작은 일도 생각과 시도의 과정이 생략되면 얻을 수 없다. 무엇을 얻거나 이루려 한다면 '생각과 시도'라는 터널을 통과해야 한다.

왜 하나 마나 한 얘기를 하는가. 이 책이 정치를 사랑하거나 걱정하는 사람들 특히 선거 출마자와 정치산업 종사자들을 위해 쓰여졌기 때문이다.

물고기가 물을 떠나서 살 수 없는 것처럼 민주국가의 시민도 정치를 떠나서는 살 수 없다. 그러나 일반적으로 시민들은 본인과 정치가 무슨 관계가 있는지 모르거나 그다지 관심이 없다. 마치 물고기가 물속에서 살면서도 물에 대해 인식하지 못하는 것과 같다. 하나 조금만 생각해 보면 왜 자신이 정치를 떠나서 살 수 없는가를 알 수 있다. 국가와 사회는 혼자 살아갈 수 없기 때문인데, 예를 들어 대통령이 전쟁을 결정하면 국민은 어떻게 되는가. 군인들만의 문제인가. 정부가 세금이나 공공요금을 대폭 올리면 고통을 받는 것은 누구인가. 이렇듯 시민들은 정부의 정책 정치인의 공약 그리고 행정적 집행 등에서 자유로 울 수 없다.

또한 선거 출마자가 생각 없이 출마한다면 어찌 되겠는가? 당락과 공천 여부는 시대의 운에 따라 다르겠지만 출마하는 이유나 정치영역에서 무엇을 어떻게 할 것인지 등 자신의 정치철학이나 비전에 대해 말하지 못한다면 차라리 출마하지 않는 게 낫다. 이는 출마자 개개인들의 문제를 넘어 국가와 공동체에 끼치는 해악과 참담함이 너무 크기 때문이다. 이러한 문제를 1장 대한민국 정치의 길을 말하다. 2장 생활정치를 넘어 3장 정치리더십의 자질 등에서 자세히 다루었다.

문명의 성공이 역설적으로 기후 위기와 생태계와 환경의 위협이듯, 정치, 선거, 정당의 성공이 민주주의와 시민의 삶을 위협한다. 우환으로 살고 안락으로 죽는다는 말처럼 결핍은 극복할 수 있어도 풍요는 극복하기 어렵다. 정치에서도 실패보다 성공이, 정치의 결핍보다 과잉이 극복하기 어렵다.

지금 세계 민주주의의 위기도 그러하다. 트럼프의 성공으로 세계화의 종말이 가속화하고,세계적으로 민주주의의 후퇴와 좌우 포퓰리스트들이 득세하였다. 바이든 정부 출현이후에도 지속되는 미국의 자국 중심 외교와 반중국 가치동맹 그리고 보호무역과 경제민족주의 등 으로 통상국가인 우리나라의 경제 흐름이 나쁘고, 3고 현상 즉 고금리, 고환율, 고물가의 장기화로 99%의 서민들 삶은 고단하다.

모든 위기에는 원인이 있다. 대한민국 모든 위기 원인은 정치적 리더십의 위기 즉 대통령의 리스크에서 기인한다. 윤석열 정권 출현 이후 나타나는 모든 사건과 사고 그리고 그러한 것에 대응하고 대처하는 실력과 자세를 보면 위기의 원인이 대통령이라는 나의 지적이 억지로 꾸며내거나 소설처럼 지어낸 것이 아님을 알 수 있다.

윤석열은 선거를 통해 민주적이고 합법적으로 대통령에 당선되었다. 영화 '서울의 봄'에서 전두광일당의 쿠데타를 막을 수 있는 기회 여덟 번 나오는데 모두 실패하고 만다. 윤석열 검찰 정권의 탄생도 정권교체라는 명분과 여러 가지 악재라는 우연의 옷을 입고 필연적으로 탄생했다. 악마의 날개는 천사인 척하는 자들이 달아준 것이다.

생각해보라. 세익스피어의 베니스의 상인을 능가하는 게 죽음의 상인-다이너마이트의 발명으로 인한 죽음의 행진을 말함-이다. 그런데 윤석열은 죽음의 상인보다 더 위험한 전쟁의 장사꾼이다. 평화의 시대에 무기를 파는 데 혈안이 된 선진 민주국가지도자는 윤석열이 처음일 것이다. 대한민국의 1호 영업사원이아니라 한화와 풍산 등 방위산업 무기업체의 특급영업사원이라 부를 만하다.

게다가 윤핵관은 일본 핵 오염수보다 한국 정치에 악영향을 끼쳤고, 과학이 아닌 가학의 기술로 국민 자존을 팔아치웠다. 어디 이뿐이랴. 각종 막말과 보기에도 민망한 행태는 어디 한두 개인가. 그러나 이러한 것들도 다 지나간다. 다 사라질 뿐이다. 유권자는 선거를 통해 그를 대통령으로 만들어 준 것처럼 선거를 통해 그의 실정을 탄핵해주면 된다. 선거에 의해서 또 하나의 흐름이 파도가 부서질 뿐이다.

2024년 22대 총선은 정권에 대한 중간평가적 성격을 띠고 있다. 따라서 대통령의 국정운영 철학과 기조가 변하지 않는다면 정부여당에게는 어려운 선거가 될 것이다. 수구언론과 아스팔트 우파들은 이번 선거를 개딸과 훌리건들의 싸움으로, 여당 리더십의 리스크와 야당 리더십의 리스크의 대결로, 성과 성, 세대와 세대, 영남과 호남 등의 대결로 만들려고 할 것이다. 비판세력을 적으로 만들고, 가짜뉴스를 유포해서 기억을 조작하고 마치 이 것이 나라를 위한 길 전부를 위한 일이라며 선동할 것이다.

또한 이념으로 전쟁의 위협을 강조하고, 공포로 불안을 조장하고, 돈으로 정책을 호도하고, 공작정치하고, 야당과 투쟁하고, 정적 탄압하고, 보복하고, 압색하고, 감시하고, 수사하고, 감찰하고, 이간질 하고.... 정부여당으로서 할 수 있는 모든 수단을 동원할 것이다.

하지만 모든 전략도 계획도 작전도 기본 밑천이 있어야 가능하다. "어지럽히는 임금은 있어도 꼭 어지러워야 할 나라는 없다."는 순자의 말처럼 아무리 나라를 어지럽히려 해도 유권자가 제정신이고, 리더십이 수준 이하인 대통령에 대한 국민적 신뢰가 없다면 아무리 계획이 창대할지라도 성공하기는 어렵다.

책을 내는 이유를 장황하게 설명했다. 시대가 가파르기 때문이다. 책의 독자이자 수요자인 출마자와 정치산업 종사자의 입장에서 이 책을 평가해주길 바란다. 시대정신과 함께 말이다. 이 책을 읽고 그저 '공천받아 출마해서 당선되면 그만'이라는 지극히 개인적인 욕망과 요행을 바라는 마음이 조금이라도 바뀌어 공동체와 민주주의를 위한 도전 의식으로 싹트길 바란다.

이번 생에 꼭 한번 망하고 싶다면 가장 빠른 방법이 출마하는 거다. 악마의 유혹처럼 빠져들기 쉬운 것이 출마다. 정말 누군가를 망하게 하고 싶거나 복수하고 싶으면 도박과 정치에 발을 들이게 하면 된다고 하는데, 이 책을 읽은 독자라면 최소한 패가망신의 길은 막을 수 있을 것이다. 물론 운칠기삼의 운이 더해진다면 덤으로 당선의 영광도 얻게 될 것이다.

조금 일찍 책이 나왔으면 하는 아쉬움은 있지만 가장 늦은 때가 가장 빠른 때라는 말처럼 총선 100일 전에 출간되어 다행이다. 비록 조금 늦게 나왔으나 다양하고 구체적인 이야기를 쉽게 실었다. 곧바로 선거 캠프와 현장에서 쓸 수 있는 선거 캠페인의 사례인 만큼 실천적으로 즉각적인 적용이 가능하다.

더욱이 이 책은 실제 출마자와 미래의 정치인 그리고 정치산업 종사자들의 쉽고 편리한 가이드북으로 활용되기를 바라면서 만들었다. 그래서 되도록 전문적 표현을 삼가면서 쉽고 간략하게 예를 들어 설명했다. 정치영역에서 활동하는 사람들의 무의식적인 행동, 생각 없이 내뱉는 말, 주의하지 않는 시도, 고민 없이 따라 하고 무턱대고 질러대는 도전 등이 출마자 개인을 떠나 공동체의 안위와 나라의 민주주의에 얼마나 악영향을 미치는가를 일깨우기 위함이었기에 다소 과한 표현도 마다하지 않았다.

책의 4장 작심과 출마 준비, 5장 선거와 이미지 메이킹, 6장 승자를 위한 선거와 캠페인을 통해 출마자와 정치산업 종사자가 활용할 수 있는 여러 가지 실전 지침을 서술했고, 7장 정치인이 갖춰야 할 인문학 가치 10가지를 수록해서 인문적 감수성을 높이려 했다.

출마를 결심한 당신에게 존경을 표하며 이 책을 읽은 출마자의 당선을 빈다. 모쪼록 이 책이 한국 정치 및 선거 문화의 발전과 정치산업에 종사하는 분들에게 조그마한 보탬이 되길 바라본다.

의로움을 앞세우고 이익이 뒤따르는 것을 영광이라 하고,
이익을 앞세우고 의로움을 뒤로하는 것을 치욕이라 한다.

2024년
새 봄을 기다리며

정 현 태

| CONTENTS |

|1장|

대한민국
정치의 길을
말하다

01
정치는 전문가의 영역인가

모든 학문에 과학이라는 이름이 붙고, 거의 모든 분야에 전문가 집단이 있다. 세계가 급격하게 변화하는 상황에서 만약 과학과 전문성으로 무장하고 세계를 이끌어 가는 사람들이 없다면 마치 나침반 없이 항해하는 배처럼 위험천만해 보일 것이다.

정치도 사회과학의 한 범주이다 보니 정치학도 과학의 한 분야처럼 이야기되고 정치학을 전공한 사람이나 이웃 학문인 법학, 행정학, 정책학 등을 전공한 학자들이 자칭 타칭 정치 전문가로 불린다. 이밖에 선출직 출신의 의원 자치단체장, 정당의 당료, 청와대 등 정부 출신 관료, 여론조사 기관이나 정치기획사 등 정치산업에 종사하는 사람 등이 전문가로 인정받으며 언론 등을 통해 국민 앞에 선다.

그렇지만 우리가 한번 짚어봐야 할 문제가 있다. 정치학자나 정치산업에 종사하는 사람들이야 전문가라고 불러도 그다지 문제가 되지 않겠지만, 정치를 할 사람마저 정치 전문가일 필요가 있는가 하는 점이다. 정치를 하고 있거나 해야 할 사람들이 굳이 의사나 변호사처럼 [정치 자격증]을 가진 사람이어야 한다는 것은 아니겠지만 적어도 어느 정도의 지식과 내공은 있어야 하는 것 아닌가 하는 생각이 드는 것도 사실이다.

이러한 사실에 의문을 품은 사나이가 있었으니 그 사람의 이름은 말꼬리 잡기와 꼬치꼬치 따져 물어 사람 괴롭히기로 그 유명한 소크라테스다. 정치영역에 전문가가 필요한가에 대한 이야기는 플라톤이 정리한 소크라테스와 프로타고라스의 대화편에서 살펴볼 수 있다.

소크라테스는 '사람 사회에는 모든 분야의 전문가가 있다. 각기 전문 분야에 따라 의사, 법률가, 건축가, 목수가 된다. 그런데 정작 가장 중요한 도시(국가)의 운영에 관해서는 어째서 전문가가 없는가?'라는 의문을 가지고 프로타고라스에게 묻는다.

프로타고라스는 신화에 비유해서 설명한다. '애초에 신 제우스Zeus가 사람들에게 이 세상에서 맹수에게 희생되지 않고 살아갈 수 있도록 정치의 기술, 곧 함께 사는 기술을 주었다. 사람들은 함께 모여 사는 기술을 통해 신체의 안전을 보장할 뿐 아니라, 먹고 사는 문제나 생활의 편의를 도모하는 수단을 보장하게 되었다. 나아가서는 정신적인 혹은 정서적인 영역을 포함해 점점 더 나은 생활, 곧 문명을 이루게 되었다. 말하자면 모여 살면서 흩어지지 않고 함께 살 수 있는 기술, 다시 말해 정치의 기술을 기반으로 사람들이 다른 동물과 근본적으로 구별되는 높은 수준의 생활을 영위하게 된 것이다. 그런데 이 정치의 기술을 어떤 특정 사람에게만 주지 않고 모두에게 공평하게 주었다. 그렇기에 정치에는 전문가가 따로 있을 수 없다.'고 말한다. 프로타고라스는 '인간은 만물의 척도다.'는 말을 남긴 아테네의 유명한 철학자의 한사람 이다.

정치는 누구 한 사람에게 주어진 특별한 기술이 아니라 모두에게 공평하게 주어진 기술이기 때문에 따로 전문가가 있을 수 없다는 얘기다. 신화를 빗대어 이야기 하지만 대단한 논리이자 뼈 때리는 공감이 아닌가.

현대사회에서 다시 생각해봐도 정치 영역에서 특히 민주주의 사회에서 정치인은 각계의 전문가는 몰라도 정치 전문가가 아닌 사람이 뽑힐 때야 비로소 제대로 된 정치가 가능하지 않을까. 따라서 민주사회의 정치 영역에서'전문가'가 따로 존재해야 하고 그러한 정치 전문가를 선출해야 한다면 민주라는 말은 형용모순에 빠지게 된다.

정치영역은 특별히 가르치거나 대를 물려 전수해서 성공을 보장할 수 있는 지식이나 기술이 없다는 의미를 뜻한다. 물론 2400년 전과 지금의 정치는 다르다. 인간사회는 도시국가가 아니라 세계화된 국가가 되었고, 그 복잡성과 발전성은 동일한 기준이 적용되기 어렵다.

하지만 사람 사는 곳이라는 점 그리고 그때나 지금이나 인간 사회를 운영하는 기본원리는 같다는 점을 고려하지 않을 수는 없다. 따라서 모든 영역은 전문가의 영역이 있어야 하겠지만 정치에서만은 아무리 훌륭한 정치인도 그 자손이나 후계자에게 정치 기술을 가르쳐줄 수 없었다. 도시국가 아테네의 민주정치와 대를 이어서 왕을 계승하는 왕조정치의 경우를 같은 잣대로 적용하기는 어렵지만, 현대의 민주정치를 고민하는 데서 중요한 철학적 단서와 논리적 추론을 찾아볼 수 있는 유의미한 내용이다.

민주정치라는 말 자체가 유권자 모두가 스스로 주인이라는 뜻을 품고 있기에 정치인이 정치 전문가라는 말은 본질적으로 불가능하게 된다. 민주정치의 주인인 유권자 즉 국민이 자신이 선출한 전문가의 의견을 따라야 하는 모순에 처하게 되기 때문이다.

02
정치인의 자질

　일반 국민과 유권자가 정치인에게 보내는 불신과 의문의 시각은 별것 없다. 그것은 정치인들은 왜 당선되기 전에는 그토록 겸손한척하다가 당선만 되면 변하는가 하는 표리부동함과 같은 것이다. 국민의 머슴이라고 해서 뽑아줬더니 국민 위에 군림하려고 하는 것이 정치인의 DNA인 것인가 하는 의구심을 갖는 것이다.

　정치인은 사실 각계각층의 최상급의 전문가 집단에서 선발되거나 인정받은 사람들이다. 이들은 학력, 지식, 인맥, 재산, 평판 등 거의 모든 분야에서 상위권에 드는 특출한 사람들을 모아 놓은 사실 기이한 집단이 정치인 그룹이다.

　그렇지만 이렇게 개개인 하나하나는 똑똑할지 몰라도 모아놓으면 집단지성은 고사하고 '봉숭아 학당'처럼 희화화 된다. 자신이 속한 정당에 따라 신념과 철학은 사라지고 정권의 나팔수가 되거나 당파의 꼭두각시 또는 권력의 하수인이 된다. 이건 한 마디로 그 똑똑했던 사람은 사람이 아닌 한 마리의 개가 되어 바람과 함께 사라지는 경우다. 마치 옆집 개가 짖으면 함께 따라 짖는 주체성이라곤 찾아볼 수 없는 신세로 전락하는 것 말이다. 우리는 이러한 것을 심심찮게 목격해 왔지 않은가.

이러한 이유로 적지 않은 선량選良들이 선한 의지만으로 국회의원이 되었다가 그만두거나 후회하는 경우도 많이 봐왔다. 기실 선한 의지가 선한 결과로 이어질 것이라는 믿음은 순진하거나 아니면 사회에 대해 너무 모르거나 둘 중의 하나이니 말이다.

이론대로 진행되는 현실이 있던가. 정치, 경제, 사회, 문화라는 복잡계가 작용하는 카오스적세계에서 현실이라는 것은 절대 이론대로 흐르지 않는다. 누군가의 입김, 보이지 않는 손, 각종 부조리와 기대와 우려 등이 뒤섞여 흐르는 현실을 어떻게 이론만으로 설명할 수 있을 까. 다만'이 또한 지나가리라'하는 마음으로 차분히 기다리다 보면 조금씩 그래도 사회가 나아지고 있음을 발견할 수 있을 뿐이다.

아무튼 선출된 정치인들은 선출 권력이라는 것 외에 왜 아무런 자격증도 없지만, 당선만 되면 아무한테나 화를 내거나 호통을 치는 아주'막되 먹은 영자씨'가 된다. 선출 권력이라는 것이 국민에게 또는 국민 앞에서 화를 내고, 자신들의 책임과 잘못에 대해서는 현장의 하급 관료들에게나 전가 시키는 라이선스라도 된다고 믿는 것일까.

정치란 인류와 그 안의 모든 개인의 건강을 증진 시키기 위해 함께 조직하고 어울려 행동하는 방식으로 정치적 조직체 즉 국가의 운영 또는 이 운영에 영향을 미치는 활동을 말한다. 현대사회에서 국가는 물리적 강제력을 수단으로 행사할 권리를 가진 유일한 원천이다. 독일 통일의 아버지라 불리는 빌리 브란트 Willy Brandt 전 총리는 정치의 요체를 '잔혹한 현실에서 올바른 추론을 도출하는 것'이라고 했는데 현실의 복잡함에서 이상으로 가는 길이 얼마나 힘든가를 전적으로 표현해주는 말이 아닐 수 없다.

따라서 국가운영에 참여하는 사람인 정치가는 가장 중요한 국가적 수단 즉 물리적 강제력이라는 악마적 힘을 떠나서 이야기 할 수 없는 사람이다. 정치인은 악마적 힘들과 관계를 맺게 돼 있다. 정치인은 국가의 물리적 강제력 즉 법과 제도와 군인, 검찰, 경찰 등으로 표현되는 악마적 힘을 활용하여 자신의 신념과 목표를 이루려는 사람들이다.

정치인은 악마적 수단으로 천사적 대의를 실현하는 사람이라는 막스 베버의 정의는 적확한 표현이 아닐 수 없다. 베버는 이러한 정치인이 갖추어야 할 가장 중요한 자질 세 가지를 들고 있는데 열정, 책임감 그리고 균형감각이 그것이다.

열정이란 대의에 대한 열정적 헌신으로 대의에 대한 뜨거운 확신임으로 정치가의 객관적 태도라고 말할 수 있다. 권력을 추구하는 정치가의 열정은 합법적 폭력행사권이라는 수단 때문에 책임의식이라는 자질이 없으면 지극히 위험하고 파괴적이기에 통제와 조절이 필요하다는 것이다.

권력추구가 대의에 대한 전적인 헌신을 목표로 하는 것이 아니라, 객관성을 결여한 채 순전히 개인적 자기도취를 목표로 하면 정치 직업의 신성한 정신의 배신이 시작되어 정치의 치명적 죄악인 객관성의 결여와 무책임성에 빠지게 되므로, 책임의식의 단련과 무책임성의 극복을 위해 필요한 것이 균형감각이라는 거다.

사실 우리나라의 경우도 살펴보면 정권이 가진 허망함과 비극의 원인은 대동소이하다. 대통령이 될 때까지는 열정으로 가득해 보이지만, 당선 이후 책임의식과 균형감각으로 악마적 수단을 길들이지 못해 벌어진 일임을 모르는 이가 얼마나 될까.

소위 아시타비我是他非, 내로남불이라는 말처럼 나한테는 관대하고 남에게는 추상같은 태도로 국정을 운영하기에 이상과 현실의 괴리, 신념과 책임의 단절과도 같은 분열과 절망의 정치가 지속되고 있음을 알 수 있다.

03
정치의 역사 인간의 역사

　정치하면 가장 먼저 떠오르는 사람이 아리스토텔레스일 것이다. 2,300여년 전에 정치학이라는 책을 가장 먼저 저술했기 때문일 테고 그가 남긴 '인간은 정치(폴리스)적 동물이다'라는 말은 아직도 귀에 딱지가 붙도록 인용되기 때문이다. 소크라테스의 제자인 플라톤에게서 공부를 했지만 플라톤과 사이가 좋지 않았던 아리스토텔레스는 플라톤의 세계 즉 이데아와 현실을 구분하는 이원론적 세계관과 결별하면서 자기만의 현실적인 체계를 구축하였다.

　지금 학교에서는 어떻게 가르치는지 모르겠지만 내가 학교를 다닐 때만 해도 '인간은 사회적 동물이다'로 배웠으나 사실은 정치(폴리스)적 동물이라는 뜻이 더 맞는 표현이다. 인간이 정치적 동물임에도 불구하고 우리는 정치적이라고 하면 그다지 좋아하지 않는다. 예술가에게 '예술적이다'라고 하거나 철학자에게 '철학이다'라고 하면 좋아하면서도 말이다. 정치인에게조차 '정치적이다'라는 수사는 비아냥거리는 말로 들리거나 얕보는 뉘앙스로 들리는 것은 왜일까.

왜 우리는 인간이 정치적 동물이고 정치적 결정이나 정책적 판단이야말로 개인과 국가의 문제를 다루는 데 가장 중요한 것이라는 것을 잘 알면서도 정치적이라면 부정적으로 반응할까. 그것은 지금까지의 정치가 투명하지 않았거나, 미디어 등을 통해서 바라본 정치 행태가 야합이나 음모적인 것으로 비추어졌기 때문일 것이다.

하지만 조금 더 본질적으로 들어가 보면 정치에 대해 내 삶과는 동떨어진 것으로 이해한 탓이 크다. 우리는 식사 자리든 술자리든 어느 시공간을 막론하고 둘 이상만 모이면 정치를 이야기하지만 정작 자신이 정치의 주인이라고 생각하면서 얘기해 본 적은 거의 없고, 정치를 이해당사자나 정치인들의 전유물로 생각했기 때문이다.

서양 아테네 등에서는 아리스토텔레스라는 정치학자가 기원전부터 활약했다면, 동양은 수많은 아리스토텔레스들이 각기 다른 서로의 이론을 펼치며 세상을 변화시켜 왔다. 정치야말로 국가와 사회의 가장 중요한 정책과 노선을 결정하는 꼭 필요한 인간의 일이기 때문에 정치 없는 사회는 존재할 수 없다.

동양에서 정치는 바르게 하는 것을 정치라고 했고, 최초의 정치학 교과서라고 할 수 있는 상서尙書 즉 서경은 요임금, 순임금, 우임금, 탕왕, 주 문왕, 무왕 등 중국의 성왕聖王과 가히 전설의 정치를 연대기 순으로 설명하고 있다.

　서경 이후는 공자가 춘추와 예기 등을 통해 정치(인정, 덕치, 위정 등)와 이상사회(대동사회, 소강사회 등) 를 논하고 춘추에서 다루지 못한 자세한 이야기는 논어와 공자가어 등에서 사실적으로 묘사하고 있다.

　공자의 수제자 증삼曾參(증자)은 대학이라는 책을 통해 정치학의 근본을 설명하였다. 대학은 글자 수 1,753자로 사서삼경이라는 동양고전 가운데 가장 분량이 적은데 송나라 때 주희가 대학을 예기禮記로부터 독립시켜 사서의 한 편으로 만들었다. 성의정심 격물치지 그리고 수신제가 치국평천하로 이어지는 유학의 목적과 정무의 근본을 설명한 국가 경륜의 학문으로 가장 체계적인 정치철학이라 할 수 있다. 현재 동양의 대학은 영어로 유니버스티Universty 또는 칼리지Collage라고 부르지만 사실 동양에서 대학의 어원은 대학大學(Great Learning)이라는 저서에서 유래한 것이다.

　서양이든 동양이든 인간이 사는 사회에서 가장 중요한 일은 정치다. 정치란 중국의 국부 손문孫文의 말처럼 '대중의 일을 관리하는 것'으로 정치를 떠나서 인간이 살기 어렵다. 과거든 현재든 정치라는 게 크게 보면 국가단위로 이뤄지고 인간을 대상으로 하는 것이므로 함께 조직하고 행동하는 방식을 말한다. 한나

아렌트는 "사람의 위대함은 자기가 당면한 문제를 다른 사람과 힘을 합쳐 해결하려는 기본자세에서 나온다. 이것이 정치의 시작과 끝이다. 정치가 기적을 만들어 내는 인간의 유일한 능력을 일컫는다."고 말했다.

세계에서는 사람들이 저마다 다른 모습을 드러내며, 모든 사람이 자기의 관점을 말할 수 있다. 따라서 사람이 서로가 더불어 그리고 대립할지라도 민주적으로 의견과 관점을 교환할 수 있는 한 서로에 대해서나 세계에 대해서도 이해할 수 있게 되는 것이다. 이러한 지혜야 말로 인간이 사회를 이루면서 정치적으로 살아가기 때문인 이유에서 탄생한 것이다.

돈의 과학이 경제라면 사람의 과학은 정치다. 사람들은 정치 탓을 많이 하고 정치인 욕을 무척 자랑스럽게 하지만 인간은 정치를 떠나서 살 수 없다. 정치가 없다면 국가도 사회도 경제도 존재할 수 없기 때문이다. 물이 오염됐다고 강을 버릴 수는 없는 것과 같은 이치이다. 물을 깨끗하게 만들어서 맑은 강이 되게 해야 한다. 또 맑은 공기를 들이쉬고 싶다면 매연을 줄이고 공기를 정화해야 하듯 정치도 시민의 참여로 투명하고 깨끗하게 만들 수 있다.

정치의 역사가 인간의 역사다.

04
치세와 난세

　지금은 치세인가 난세인가. 언제 물어도 사람들은 자기가 사는 시절을 난세라고 생각하는 게 많은 것 같다. 수천 년 전 쐐기문자나 상형문자의 기록을 봐도 '지금 아이들은 싸가지가 없다.'는 말이 나오고, 말세라는 말이 심심치 않게 나오는 걸로 보면 사피엔스가 느끼는 것은 예나 지금이나 거의 다르지 않다는 것을 알 수 있다. 사실 인류의 4대 성인이라고 칭송하는 분들도 사실 보면 기원전 사람들인 것을 보면 현재는 물질문명은 발전했을지라도 정신문명은 2천 년 전이나 지금이나 만년 전이나 지금이나 큰 차이가 없는 것으로 보인다.

　순자荀子(BC 298~238)는 "치세와 난세가 하늘에 달렸는가? 해와 달의 운행이 우임금 때나 걸임금 때나 차이가 없었지만, 우임금 때는 태평성대가 되고 걸임금 때는 난세가 되었다. 치란이 시절에 달렸는가? 우임금 때도 걸임금 때도 모두 봄여름 가을 겨울이 오고 갔지만 전자의 경우에는 치세가 되고 후자의 경우에는 난세가 되었다."라고 했다. 기원전 전쟁이 빈발하던 전국 시대에 치세냐 난세냐를 판단하는 기준은 오직 사람 즉 군자가 통치하느냐 소인이 통치하느냐 하는 리더십에 달려있음을 파악했다는 것을 보면 대단한 내공이 아닐 수 없다.

사마천은 춘추전국 시대를 나라가 백성을 적대하고 그래서 백성이 나라에 대한 믿음을 거둔 때라고 묘사하면서 이러한 세상을 난세라고 하였다. 반대로 나라가 백성을 사랑으로 품고 백성이 나라에 대한 믿음이 지속되는 때라면 치세라고 할 수 있다. 결국 나라와 백성, 다스리는 자와 피치자와의 관계에서 치세와 난세가 갈린다는 것이다.

난세와 치세는 절대적일 때도 상대적일 때도 있지만 인간의 역사도 유기체처럼 흥망성쇠를 하기도 하고, 자연처럼 낮과 밤 그리고 봄, 여름, 가을, 겨울이 있다. 나라도 사회도 개인도 이러한 자연적 흐름을 벗어나기는 쉽지 않다.

전시戰時나 난세에는 국가가 위급하기에 충신도 많이 나오고 가정도 파탄 나기에 효자도 열녀도 많이 나온다. 천하가 더 위험해지고 시대가 출렁이면 영웅이 출현하고 위인들이 탄생한다. 전쟁으로 자식을 땅에 묻는 부모들이 통곡한다. 난세가 지속되면 위대한 지도자가 초인처럼 나타나서 국민을 이끌거나 구하기보다는 국민 위에서 군림하고 행세하면서 더욱 처참한 전쟁으로 사람과 세상을 몰아간다.

　난세는 생각하는 자는 위태롭고 나서는 자는 일찍 죽으며 고민하는 자는 노예가 된다. 무조건적인 애국과 특정 이념이 강요되고 삶과 죽음처럼 찬반과 흑백의 선택만을 할 수 있다. 선택 자체가 사치이자 낭비로 취급되기도 하니 사람으로 사는 게, 정말 사는 게 아니다.

　전시에는 윈스턴 처칠처럼 "함께 하면 불가능이 없습니다."라는 말만 잘하면 되고, 국민 몰래 먼저 도망간 이승만 같은 대통령도 "뭉치면 살고 흩어지면 죽는다"는 말로 추앙받고 북진통일을 슬로건으로 가열찬 선동꾼이 된다. 우크라이나의 대통령 젤렌스키를 보라. 전쟁으로 자국민 수십만이 죽고 국토가 유린당하는 와중에도 수천억 원의 자산을 불렸다. 전쟁하라고 지원한 돈마저도 빼돌리는 파렴치함에 무슨 말을 할 수 있을까.

　그렇다면 지금 우리가 사는 세상은 치세일까 난세일까. 학계의 논의는 차치하더라도 유럽의 입장에서 보면 산업혁명 초기부터 1914년 1차 세계대전이 벌어지기 전까지의 백 년은 제1차 세계화의 시대이자 평화와 번영의 시대였다. 그래서 2차 세계대전 이후(간혹 한국전쟁, 베트남 전쟁 등 국지적인 전쟁이 발생하였고, 지금도 러시아와 우크라이나, 이스라엘과 하마스 간의 전쟁은 계속되고 있다)만을 세계적인 시각으로 보면 치세 즉 75년 동안의 평화와 시대라고 할 수 있다.

사실 기록된 인간의 역사 5천여 년의 역사에 전쟁은 12,000번이 넘게 일어났으니 70여 년간 전쟁 없이 산다는 것이야말로 태평성대라 할만하다. 냉전은 종식되었고, 세계는 하나로 이어졌으며 무역과 이동의 자유는 보장되었다. 물론 전쟁의 시기 분열의 시기 냉전의 시기를 이겨낸 인류가 맞은 행복의 열매였고, 민주와 정치가 이뤄낸 기적과도 같은 것이었다.

05
진보와 보수

특히나 식민지와 해방 그리고 분단과 전쟁, 산업화와 민주화 등 대립과 갈등의 극단적인 삶과 가치관의 위기와 혼란의 시대를 거쳐 선진국으로 도약한 대한민국의 경우를 보면 가히 난세를 극복하고 치세를 일군 전무후무한 역사의 주역으로 평가할 수 있다. 이런 기적을 이룬 나라의 위대한 국민이 역설적으로 얼마나 기적적으로 서로를 배타하고 진영을 나눠서 싸우는가를 보면 다이나믹 대한민국이라는 환호가 절로 나온다.

사실 우리가 사는 대한민국에는 두 부류의 사람이 있는데 후진국에서 태어난 사람과 선진국에서 태어난 사람이 있단다. 1980년 이후에 태어나 88올림픽 이후 초등학교를 다닌 세대는 부모 세대와 다른 국가관과 인생관을 지니고 있음을 인정해야 한다는 거다.

그런데 이러한 후진국에서 태어났냐 선진국에서 태어났냐, 국민학교냐 초등학교냐 보다 더큰 간극이 많다는데 문제의 중요도가 달라진다. 우리 부모세대 즉 30년대 후반에서 40년대 출생한 분들이 살아오신 70년 간은 문명사적으로 본다면 거의 700년 동안의 변화를 보여온 때다. 따라서 이분들은 70년 동안 700년을 살아오신 분들이다. 식물로 보면 화석 식물이라고 할 만큼의 역사적 수난과 경험을 해온 분들이라는 거다. 때문에 어르신들과 선진국에서 태어난 신인류의 가치관을 맞추려는 시도 자체가 문제다. 갈등은 필연적이지만 적대적인 것이 아니기에 서로를 인정하고 배려하는 마음으로 길게 대한민국의 미래를 고민해 나가는 것이 쓸데없는 데에 시간과 정력을 낭비하지 않고 지혜를 모으는 것이다.

우리사회가 진보와 보수라는 소위 보혁대결과 좌우논쟁으로 몸살이다. 진영이 아예 구도가 되어 넘지 못할 무슨 신념의 장벽이나 되는 것처럼 완고하다. 하지만 세상의 모든 시스템은 보수와 진보 모두를 필요로 한다. 캄브리아기 눈의 탄생은 종의 대폭발을 일으켰고 이후 등장한 전진하는 거의 모든 동물은 좌우 동형이다. 자연의 조화가 대칭을 통해 완성되듯 모든 사물과 시스템도 서로 균형을 이루며 아름다움을 유지한다. 좌우 진보 보수는 이처럼 자연스러운 것이다.

예를 들면 모든 시스템이 안정적으로 통제되거나 조정되지 않으면 파괴를 면할 수 없기에 정상 상태를 이루려는 관리에 따라

억제되는데 이런 의미에서 보면 보수적이다. 또 그와 동시에 동일한 상태를 유지하기 위해서라도 변화가 요구되므로 항구성은 변화에 의해 유지된다는 점에서 진보적이다. 이처럼 보수와 진보는 우주가 마치 끌어당김과 미는 힘의 균형에의해 존재하는 것처럼 기적적으로 서로에게 의지하고 있다.

그러한 사실로 미뤄볼 때 정치적 견해에서의 진보나 보수 견해의 차이 등은 충분히 존중되어야만 하고 그러할 때 그 사회의 인간의 가치는 커지고 인간의 인간을 위한 정치는 통합의 꽃을 피우며 조금씩 발전해 갈 수 있을 것이다.

06
700살을 사신분들과 밀레니얼 세대의 동거

인간이 가진 편견 가운데 가장 큰 편견은 나이이고 그 다음이 성性이다. 종교의 교리나 진리까지는 아닐지라도 모든 사회의 전통과 문화에서는 어른이 존경받고 약자는 보호된다. 어른들이 존경받는 이유는 다양하다. 긴 시간 동안 지식과 경험을 축적하고 생산과 노동을 통해 사회와 공동체의 발전과 유지에 기여했기 때문이다.

인류는 농경생활을 하면서 정착하게 되는데 농사에서 가장 중요한 것은 경험에 입각한 정확한 지식 즉 결정지식(이미 날짜나 순서 등이 정해져 있는 루틴한 지식)이다. 어르신들은 그 지식을 삶으로 익힌 사람들이어서 어느 때 씨를 뿌리고 언제 김을 매며 수확은 언제 해야 하는지를 정확히 알고 있다. 유목과는 다르게 농사는 때를 놓치게 되면 1년을 기다려야 한다. 한해 농사를 잘 못지으면 그 가족이 살아가기 어렵기 때문에 노인들의 지식은 생존에 필수적인 것이었다.

특히 척박한 자연환경 즉 사막이나 극지에서 어르신들 노인들의 역할은 매우 중요하다. 사막의 날씨는 변덕이 심하고 물이라는 자원은 언제든 고갈되기 쉽다. 인간은 물 없이 일주일도 살기 어렵다. 사막 문화권에서 이단아에 대한 추방문화가 있는 것은 이 때문이다. 오아시스에서 추방되면 죽음에 이르게 되기 때문이다.

물과 오아시스를 빠르게 찾아야 유목민들의 삶이 가능하다. 노인들은 오랜 경험으로 체화된 사막 지형에 대한 지식이 풍부하다. 유목민들은 사막에서 물이 고갈되면 노인들의 인도에 따라 이동을 한다. 어르신들 노인들의 지식과 경험이야말로 이들에게는 하나의 도서관과도 같은 것이다.

북극지방의 경우도 비슷하다. 거친 환경에서 사냥하고 긴 추위와 고립 속에서 생존해야 하는 곳이기에 어르신들의 풍부한 결정지식이 필요하다. 곰을 잡을 때와 고래를 잡을 때가 다른데 이에 대한 판단을 잘못하면 살아갈 수 없기 때문이다. 에스키모나 아이누족 등에서는 어르신들 특히 할머니들의 역할도 많다. 아이를 돌보는 일 가죽옷을 만들거나 음식을 저장하는 방법과 요리에 대한 지식 등이 여성 노인들로부터 전수되기 때문이다.

이렇듯 인류의 역사에서 어르신을 존중하는 것은 자연스럽고 중요하며 꼭 필요한 일이자 문화와 전통이었다. 이러한 것이 봉건사회를 거치며 한중일 동북아시아 유교문화권에서는 제도화한다. 삼강이니 오륜이니 하면서 연장자에 대한 것이 특별한 전통으로 떠받들어 지는 데 장유유서長幼有序라는 것이 그 근간이다. 장유유서는 여전히 우리 사회에 영향력을 발휘하는데 '득표 수가 같을 때 연장자로 한다'는 선거법이나 제도와 관습이 주를 이룬다.

하다 못해 길거리에서 모르는 사람끼리 싸움질을 할 때 가장 많이 하는 말이 '너 몇 살이야? 몇 년 생이야?' 하며 나이부터 이야기한다. 자기보다 조금이라도 적으면 '어린놈이 싸가지가 있네 없네' 하면서 싸운다. 나이가 그렇게 중요하다. 양반 상놈 찾던 봉건시대가 끝날 무렵에 '이 양반아! 저 양반아!' 하면서 싸우는 모습과 다를 바 없다.

인간이 사는 사회 특히 70년간 700년의 압축적이고 고도화된 사회를 살아온 어르신들과 함께 살아가야만 하는 젊은 세대 특히 밀레니얼 세대들은 힘겨울 수밖에 없다. 어르신들은 식민지 봉건적 시대부터 스마트폰을 필두로 4차 산업혁명의 시대까지를 살고 있으니 이분들의 가치관과 인생관을 젊은이들이 이해한다는 것은 거의 불가능에 가깝다.

하지만 인간과 인간이 만든 사회는 어떤 갈등이든 어려운 문제든 지금까지 잘 해결해 왔다. 아무리 싸가지 없다고 욕을 먹은 세대라 할지라도 길게 보고 멀리서 보면 전세대와 별 차이가 없었음을 알 수 있다. 인간이 가진 생존력과 사회가 가진 통합력이 가장 힘든 때에 힘을 발휘한다. 다윈의 말처럼 생존에 성공한 종들은 강해서가 아니라 변화에 적응했기에 가능 했다. 밀레니얼 세대들은 자신의 부모 세대는 물론, 할아버지 할머니 세대 즉 70년 동안 700년을 사신 어르신들과도 어쩔 수 없는 동거를 해야 한다.

모든 영장류가 절멸할 때 인간은 살아남았고 지구의 환경을 작살내면서까지 번영하고 있다. 지금 젊은 세대들도 후세에게 물려줄 자원을 고갈하면서 삶을 풍요롭게 하고 있으니 기후변화 문제나 환경문제에 있어서는 어느 세대를 탓할 수도 없다. 하지만 젊은 세대는 앞으로도 오랫동안 지구를 지키고 인류 공동체의 영속을 위해 이바지할 세대다. 따라서 그에 맞는 대접과 예우가 법과 제도는 물론 문화와 의식에서 젊은 세대에 대한 배려는 어느 때보다 각별히 필요하다.

07
청년을 위한 정치는 어떻게 가능한가

아주 늙은 사회에서 젊게 태어난 세대들이 영원한 청년처럼 살아간다. 저출생 문제로 '대한민국이 70년 후면 지구상에서 사라지네' '그전에 사라지네' 말도 많고 예측도 많다. 과연 그럴까? 나는 그때까지 살지 못할 것이기 때문에 직접적인 당사자는 아니지만 내 자식들 생각하고, 인류의 미래를 생각하면 그렇게 되지 않기를 기대한다.

사회는 생각의 속도보다 급변하는 데 생각하며 살기도 어렵고 겨우 살아가는 것에만 급급한 현실이니 이땅 청년들의 고단한 삶은 더욱 팍팍해 진다. 예전에 '노인을 위한 나라는 없다. That is no country for old men'라는 영화가 있었는데 우리나라는 청년을 위한 나라는 없다는 영화라도 만들어져야 한다. 선거 때나 무슨 사안이 발생하면 그제서야 '청년이여! 젊은이여!' 하다가 시간이 지나면 언제 그랬냐는 듯 모르쇠로 일관하는 선거꾼들의 속임수에서 청년들이 깨어날 날은 언제일까.

아직도 우리 사회는 나이가 많은 것에 관대하다. 나이가 마치 벼슬이나 되는 것처럼 여기는 사람들도 많다. 나이가 많으면 경륜이 많은 것으로 인정해 준다. 반면 젊은 사람의 나이는 애써서 적은-사실은 어린-나이로 보며 정신적으로도 아직 성숙하지 못한 것으로 치부한다. 나이에 대한 세대 간의 정의라는 것도 천박한 노예근성에 입각한 정실주의를 벗어나기 어렵다. Old is Gold(나이가 최고)라는 시각은 아직도 고쳐지지 않는 뿌리 깊은 봉건의 잔재다.

사람이 살아가면서 가장 의미 있고 위대한 일을 성취한 때는 대개 10대 후반이나 20대의 젊은 시절이다. 인생에서 다시 오지 않을 첫 키스나 첫사랑의 때도 방황하던 시절을 극복하고 자신의 인생관과 철학을 세우는 때도 젊음의 때에 이루는 것들이다.

실제로 종교의 교주로 추앙받고 존경받는 부처도 20대에 출가하여 깨달았고 예수도 서른세 살에 십자가에 못 박혔다. 위대한 제왕이라는 알렉산더 대왕의 성취도 20대였고 진시황제도 젊을 때 전국을 통일했다. 과학자들의 위대한 발견도 20대 중반에 이뤄졌다. 뉴튼의 만유인력도 스물다섯의 해에 아인슈타인의 상대성원리도 그 나이 또래에서 이뤄졌다. 최근 IT산업을 이끄는 시대의 기린아들도 마찬가지다. 스티브 잡스와 빌 게이츠 요즘의 마크 주커버그나 일론 머스크도 스무 살 초중반에 위대한 성취를 이뤘다.

최근 우리 나라의 중위中位연령은 44세 가량이다. 중간 나이가 44면 중년이다. 대도시를 제외하면 거리에서 식당에서 만나는 사람들의 절반가량이 거의 중년들이고, 이들이 평균나이라는 것이다. 실제로 도단위의 시군 또는 읍면에 가면 20~30대 보기가 쉽지 않다. 어린아이는 더욱 보기 어렵다.

대한민국은 급격히 늙었다. 베이비 붐 세대가 태어나던 1960년대 중위연령 19세였다. 현대의 아프리카 나라들처럼 젊고 활력 있었다. 이러한 힘이 4.19혁명과 산업화의 기반이 되었다. 1980년대에는 21.8세로 청년은 젊은 대한민국 민주화의 중추가 되었고, 2000년대 31.8세로 성숙해 졌다.

1961년 박정희가 5.16 쿠데타로 정권을 잡았을 때 박정희 나이 44세였다. 중앙정보부장 김종필은 서른셋이었다. 대통령이 40대인데 장,차관과 시도지사는 어떠했겠는가. 중위연령이 19세이던 시대이니 가능했을 법도 하다. 박정희의 라이벌로 70년대에 40대 기수론을 들고나온 김대중과 김영삼을 기억해보라. 양김은 20~30대부터 한국민주화와 정치발전의 기수들 이었다. 1980년의 경우도 그러하다. 서울의 봄을 짓밟고 총칼로 정권을 잡은 전두환(1931년생)과 반란군들도 대부분 40대들 이었고 이에 맞서 민주화를 쟁취한 세대는 당시에 20대 청년이고 지금은 586으로 불리는 세대들이다.

공자는 20을 약관弱冠, 30을 이립而立, 40을 불혹不惑, 50을 지천명知天命, 60을 이순耳順, 70세를 종심從心이라고 했다. 나이마다 다 뜻이 있는데 지금 시대 젊은이라고 할 수 있는 30대 남성의 경우 미혼이 수두룩 하다. 배움도 길고 안정적인 직장을 잡거나 생활인으로 사는 것도 오래 걸리고 결혼도 30대에 주로 하게 되니 이립을 불혹에 하게 된다. 지금은 이립을 불혹의 나이에 하니 한 10년씩 늦는 것인데 좋게 보면 10년 더 오래 산다는 뜻이고 부정적으로는 그만큼 자립해서 산다는 게 어려워 10년씩 늦는다는 거다.

게다가 지금처럼 과노동과 과피로가 보편화되는 사회에서 청년이 어떻게 세계의 주인으로 우뚝 설 수 있는가. 멀쩡한 거리에서 160명의 젊은이가 참사로 희생당하는 사회안전망의 부재의 사회 그리고 빈부격차와 양극화 고착이야말로 청년들이 새로운 시대에 주인공으로 살아가게 하는 데 구조적인 장애로 작용한다. 이런 사회적 분위기에서 어떻게 걸출한 사회적 인물이나 훌륭한 정치인이 나오겠는가.

청년들이 마음 편하게 정치에 진출할 수 있게 비례대표든 지역구든 최소 30% 이상 의무적으로 청년에게 우선 할당해야 한다. 국제 국회의원연맹(IPU)에서 발표한 자료에 따르면 20~40대의 국회의원 비중에서 한국은 OECD 기준으로 거의 꼴찌 수준이다.

유럽이 청년 정치인의 비중이 높은데 이탈리아 42.7%, 네덜란드 33.3% 프랑스 23.1%, 그리고 영국 21.7%이다. 우리가 가라오케 민주주의라고 무시하는 일본도 8.4%인데 반해 우리나라는 고작 4.3%밖에 되지 않는다. 20~40대면 유권자의 거의 절반 이상이다. 5%도 안되는 청년 정치인의 비중이라니 아직도 청년이 서야 나라가 설 수 있음을 역설적을 반증한다. 청년을 깨워 함께 집권해야 한다.

|2장|

생활정치를
넘어서

지금까지의 정치는 갈등과 증오를 부추기는 정치였다. 30년 전까지만 해도 우리나라는 군부독재의 공포정치가 행해졌다. 나는 87학번인데 우연히 87년 6월 민주항쟁을 겪었고 대학 시절 내내 데모하면서 살았다. 학생운동을 거쳐 재야운동 시민운동 10여 년을 했는데 그동안 우리 사회는 괄목할만한 성장을 이뤄냈다. 민주화라는 커다란 집에 작은 벽돌 하나라도 보탰다는 생각에 부끄럽지는 않지만, 어느덧 민주화 세력이 산업화 세력과 양대 기득권 세력이 되었다. 그런데 민주화 세력마저 양극화와 고착화되고 있는 사회모순에 타협하고 우리 젊은 청년들에게 희망을 주고 있지 못하고 있는 모습을 볼 때면 한없이 부끄럽기만 하다.

민주화 이후 우리 국민은 대통령부터 기초의원까지 자신의 손으로 선출한다. 매번 하는 선거이지만 선거의 결과를 보면 국민이 얼마나 무서운 것인지 정치인들도 잘 안다. 시민들은 대화와 토론 참여와 투표를 통해 명실상부한 정치의 주인공이 됐다. 이제 정당은 당원을 교육하는 학교를 넘어 시민 곁으로 한층 더 다가가야 한다. 더욱더 민주화되고 정치는 한결 투명해져야 하며, 과거의 갈등 정치에서 화해와 타협의 정치로 나아가야만 할 것이다. 시민이 정치의 주인공으로 우뚝 선 마당에서 정치인 몇몇의 장난으로 나라가 휘청이는 시대로 회귀하게 해서는 안되기 때문이다.

이제 정치인들도 정치적이라는 말이 부끄럽지 않게 만들어 줄 필요가 있다. 많은 사람들이 토크 빌의 얘기한 것으로 알고 있지만 사실은 조제프 메스토로가 말한 것인데 '그 나라 민주주의의 수준은 그 나라 국민의 수준과 비례'하기에 국가는 국민의 수준에 맞는 정부를 갖게 되는 것이다. 촛불보다 투표가 힘이 센 것처럼 참여하고 행동하는 시민이 우리나라의 정치와 정치인을 바르게 인도해 주고 더 나은 민주주의를 만들어 낸다.

01
정치는 말로 싸우는 것

실제 우리는 투표를 통해 자신이 좋아하는 정치인을 선출한다. 우리나라는 직접 보통 비밀투표를 통한 대의제 민주주의를 채택하고 있다. 물리적으로 거리에서 조폭처럼 싸우지 말고 의회에서 자신의 정치 노선과 철학을 가지고 싸우라고 뽑아주는 거다. 5천만 명이 거리에서 촛불을 들거나 태극기를 들면서 싸우지 않으려고 대표선수를 뽑아서 국회에서 싸우라고 하는 건데 이런 걸 대의민주주의라고 한다.

그런데 많은 국민이 국회에서 싸우는 것을 비난하곤 한다. 물론 해머를 들고 문을 부수거나 국회의원을 감금하는 등 폭력적인 행태는 정치가 아니라 망치는 것이기에 해서는 안될 일이다. 그래서 국민이 "싸움 좀 그만하고 일 좀 하라"고 꾸짖는 것이다.

그러나 비조직된 국민은 평상시에 정당정치에 무관심하거나 무지하다. 어떤 당이 그리고 어떤 정책과 제도가 자신의 이익과 권리를 대변해 주는지 판단하기를 귀찮아한다. 그래서 왕왕 투표하지 않을 권리를 얘기하면서 기권하는 사람들도 있고 '그놈이 그놈'이라서 기권하겠다고 말하는 사람도 많다.

일면 이해되는 말씀이지만 현실정치에는 최선의 정당과 최선의 후보가 없다는 데 있다. 진선진미한 정당과 후보는 책이나 상상에서만 있을 뿐이다. 정치와 투표는 '최선'을 선택하는 게임이라기보다 안타깝지만 '최악'을 막는 것을 우선적 가치로 하는 부정의의 선택이다. 최선이 없으니 차선을, 차선이 없다면 차악을 택할 수밖에 없는 현실의 서글픔을 인내해야만 한다. 사람은 한 번에 한 걸음을 뗄 뿐 한 번에 열 걸음 백 걸음을 걷는 축지법을 쓸 수는 없는 것처럼 정치도 한순간에 도약하기는 쉽지 않기 때문이다.

하지만 국회와 지방의회에서 만든 법과 조례는 우리의 생활과 삶에 미치는 영향은 무시할 수 없는 파괴력을 지니고 있다. 시민이 정치에 무관심하면 꼴도 보기 싫은 사람들이 지배하는 사회에서 살아가야 한다. 가장 저급한 인간들이 빅 브라더Big Brother가 되어 지배하는 사회에서 노예처럼 살아가야 하는 것이다.

따라서 정치인들이 의회에서 토론하고 말로써 싸우는 것은 오히려 장려해야 할 일이다. 다만 철학도 비전도 없이 다음 선거의 당선만을 위해 애쓰는 정치인, 특정 집단이나 이익단체의 거수기가 되어 국민의 권리를 팔아먹는 정치인은 선거에서 표로 심판해야 한다.

02
정책보다 구도와 이슈

선거 시기 시민들의 인터뷰는 모범답안 일색이다.

"지연이나 학연, 정당보다는 그 사람의 정책과 인물의 도덕성 등을 보고 투표하겠다."라는 답변 등이 그것이다. 이런 답변이 과연 사실일까. 사람들이 답하는 것은 교과서에나 나오는 순진한 얘기이자 자신을 기만하는 답변이다. 그저 비난받지 않을 만큼의 모범답안을 얘기하는 거다. 그래서 허구라는 거다.

바둑에도 정석이 있고, 수학에도 정석이 있는데 선거에는 정석이 없을까. 선거에도 정석이 있다. 침대가 과학이 아니라 선거야말로 과학이다. 각종 여론조사 등 통계와 지표를 빼놓고 선거를 논할 수 없다. 여론전쟁이라고 불릴 만큼 데이터의 영향력은 막강하다.

선거의 정석에는 대략 다섯 가지 정도가 있다. 1) 후보가 유권자에게 전달하려는 메시지, 2)선거를 치를 수 있는 돈과 데이터 등 물질적 정신적 자원, 3) 캠프를 구성해서 일을 꾸려 나갈 수 있는 팀워크와 팀, 4) 후보와 캠프 성원들의 리더십, 5) 후보와 캠프 성원 후보와 유권자 간의 소통 등이 그것이다. 이러한 것들은 선거 캠페인 편에서 자세히 다루었다.

그러나 사실 이러한 선거의 정석은 정상적인 후보와 캠프라면 기본적으로 갖춰야 할 조건이지만 선거의 3대 요소는 1) 정당, 2) 투표율 그리고 3) 구도라는 것이다. 이 세 가지가 선거에서 가장 중요하다. 지금까지 대한민국에서 치러진 선거의 통계를 보면 승패는 정당과 구도가 80~95% 이상을 결정하고 투표율이 그 결과에 대못을 박는 과정이었다.

사실이 이러하다면 후보는 대략 5~20%의 영향력 정도밖에 발휘하지 못한다고 할 수 있다. 정당이나 투표율은 쉽게 이해가 되지만, 구도는 조금 복잡하다. 구도는 쉽게 설명하자면 양자 대결이냐 3자 또는 다자 대결이냐 등을 얘기한다.

예컨대 1997년 대통령선거에서 김대중 후보와 이회창 후보 양자 대결이었다면 이회창후보의 승리가 유력했겠지만, 이인제 후보가 가세함으로써 3자 구도가 만들어졌고 결국 정권교체가 됐다.

그래서 구도가 중요하다고 하는 것이다. 구도에 의해 내표가 결집하고 상대표가 분산되니 구도가 가장 유의미한 선거의 요소가 아닐 수 없다. 구도에 대해서도 선거전략편에서 자세히 다루었기에 간략히만 소개한다. 또한 선거기간 전후로 해서 만들어지는 찬반이 명확한 이슈가 등장하는데 구도와 함께 선거기간 동안 관통하는 중요한 이슈가 승패를 좌우한다. 끌려다지지 않고 끈질기게 이슈의 중심에서 선거를 이끄는 자가 최후의 승자가 된다. 정책보다 구도고, 구도에 더해진 이슈파이팅이 당락의 열쇠가 된다.

따라서 이것을 보면 정책과 후보를 보고 투표한다는 얘기는 그저 그렇게 되었으면 좋겠다는 바람에 불과하다는 것을 알 수 있다. 통계로 보면 국민의 절반 이상은 자기가 지지하는 정당이 있다. 그래서 일반적인 국민 다수는 일차적으로는 정당을 보고 투표하고 그다음에 후보를 보고 투표하는 게 현실에 가깝다고 할 수 있다. 물론 예외적인 흐름도 있고 지역주의적인 투표 양태도 배제할 수는 없지만 특별한 경우를 일반화하기에는 어려움이 따른다.

아직까지 한국 사회는 미국식 정당제도의 형태 즉 거대 양당 체제에서 벗어나지 못했고, 이를 극복할 제3의 정치역량이 부족하기에 유럽식의 다당제로 가는 데까지는 한참의 시간이 필요하다고 보여진다.

결국 시민의식이 성숙해지고 민도가 더욱 높아지면 선거의 흐름도 변화가 가능하다. 정책과 인물을 보고 투표할 수 있는 그런 시대는 결국 시민 스스로가 만들어 내야 하는 고단한 숙제일 것이다.

03
계급의 배반

　흔히들 관점과 입장이 중요하다고 하는데 관점이라는 게 무엇일까. 바라보는 시각 즉 사물은 그대로 있지만 어떤 생각으로 바라보는가에 따라서 달라진다. 입장은 상황과 처지라는 것과 큰 차이가 없지만 내 처지와 조건에 따라 객관적인 사물도 다르게 보이고 더욱이 그때그때 마다 감정에 따라 세상도 다르게 파악되는 것이다.

　객관적인 사물이라는 것도 아는 만큼 보이고 느끼는 만큼 달라진다. 일례로 실연당했을 때의 바다의 파도를 보면 슬픔과 후회만 밀려오겠지만, 사랑하는 사람과 함께 보는 바다의 파도는 아름다운 자연 그 자체로 보이는 것처럼 말이다.

　전적으로 객관적으로 세계를 온전하게 파악하기란 거의 불가능에 가깝다. 직관과 무의식에 따라 그리고 상황과 느낌에 따라 그때마다 다르게 파악되기 때문이다. 다시 말해 개개인의 관점과 입장에 따라 문제와 객관을 대하는 태도와 자세가 달라진다.

이는 나와 남으로 나누거나 편을 가르는 것을 뜻하는 게 아니라 자기가 처한 조건과 처지에 맞게 정치도 경제도 사회 문화도 바라보는 혜안이 있어야 한다는 뜻이다. 물론 대상인 타자 즉 상대를 있는 그대로 인정하는 게 중요한 포인트이긴 하다.

우리나라의 정당에 대한 선호도 또는 투표 양태를 보면 크게 지역과 세대에 따라 뚜렷한 차이를 보인다. 각종 선거에서 강남, 서초, 송파라는 한강 이남의 잘사는 3구에서 보여준 표심이나 영호남에서 보여준 유권자들의 투표 양태는 확연한 특징을 보여준다. 또 젊은 세대와 노령층의 투표 성향도 확연한 차이가 있다.

그런데 지역과 세대는 뚜렷한 특징을 보이는 반면 계급과 계층의 특징은 크게 나타나지 않는다. 한마디로 자기의 이익과 권리를 대변하는 정당이 무엇인지 별관심이 없거나 잘 모른다는 거다.

우리나라의 노인층의 빈곤율은 OECD에서 가장 높은 편이고 이러한 이유 등으로 자살률 또한 최고이자 최악이다. 그런데 이렇게 가난한 노인들이 노인복지와 혜택을 더 주는 복지와 분배를 우선하는 정당에 투표하기보다는 친기업과 성장을 우선에 두는 정당에 투표하는 경우가 많다.

우리 사회의 70대 이상의 어르신들이 이러한 투표 양태를 보이는 것은 이분들의 삶이 그만큼 고단했고 다양한 경험에서 기인한다. 어르신들은 일제 강점기와 분단 그리고 6.25 전쟁과 산업화 시대 등 질풍노도를 몇 번씩이나 겪은 세대다. 이분들이 겪은 전쟁과 가난의 경험은 저와 저의 세대가 겪은 민주화의 경험보다 더 무시무시하고 아프게 각인되어 있을 것이다.

그렇기 때문에 노인들은 사회주의가 몰락한 시대에 살면서도 아직도 냉전의 사고를 쉽게 떨쳐 낼 수 없는 것이다. 이러한 시각으로 보면 이분들의 투표 양태를 이해할 수 있다.

또한 사회적 약자층 즉 가난하거나 저학력이거나 고령이거나 하든 등의 계층에서 친기업 정책을 우선하는 정당에 투표하는 경우가 많은데 이는 자신이 처한 입장 즉 계급에 대한 이해의 부족에서 오는 경우라 말할 수 있다. 사회적 약자의 입장에서 보면 자신들에게 복지와 분배 혜택을 잘해 줄 정당을 지지해야 하는 게 유리할 것 같은 데 그렇지 않은 경우를 계급의 배반이라고 한다. 선거를 보면 계급의 배반 현상이 왕왕 나타나는데 이는 정치와 선거에서 관점과 입장이 얼마나 중요한가를 다시 한번 절감케 한다.

우리 사회의 정당구조는 진보와 보수로 나뉘어 있지 않다. 형식적인 다당제 구조이지만 내용적으로는 거대 양당의 독점체제다. 양당의 구성원 개개인은 다양한 스펙트럼이 존재하겠지만 당의 정체성과 정강정책을 보면 우파보수나 중도좌파 정도의 차이일 뿐이다. 양당의 노선이 대동소이함을 보여주는 대표적인 경우가 김종인씨의 경우로 여야, 좌우, 보혁을 가리지 않고 넘나들면서 선거를 지휘하는 것을 보면 양당의 차이는 그다지 크지 않음을 알 수 있다.

그런데 우파 보수진영에서는 중도 보수정당을 좌파 빨갱이라고 규정하고 중도 보수정당은 우파진영을 수구 꼴통이라고 낙인찍는다. 상대를 무엇무엇이라고 규정하는 것이 선거 캠페인에서 매우 중요한데 우리나라의 양대 진영은 낙인찍기는 잘하면서도 상대를 상대로서 인정하는 데는 인색하기만 하다.

나는 보수와 진보의 가치 모두를 존중해야 한다고 본다. 보수의 가치는 안정적이고 편안하다. 진보의 가치는 변화를 두려워하지 않는 용기를 준다. 우리사회가 보다 더 건강해지려면 좌우와 보혁保革이 균형을 갖추어야 한다. 어느 한쪽이 비대하거나 왜소한 것은 균형감을 상실한 것이고 자연의 아름다움 가운데 비례의 원칙을 어기는 일이다.

우리나라에서 우파는 주로 자유의 가치와 공화를 좌파는 평등의 가치와 공동체를 중요하게 여기는데 이러한 가치는 진영을 떠나 모두 소중하고 존중되어야 한다. 좌파는 정의라는 불로 자유를 불태워서는 안되고, 우파는 자유라는 무기로 평등을 단죄해서는 안될 것이다.

좌파의 이상과 우파의 현실감각이 적절히 수용되고 결합 될 때 정치와 사회의 시너지가 일어난다. 좌우는 극복의 대상이 아니라 서로 포용하고 상생의 가치로 함께 경쟁해야 하는 비적대적 관계다. 새는 좌우의 날개로 나는 것 같지만 사실은 온몸으로 날고 있다.

지금의 시대정신은 좌우의 진영논리가 아닌 세계로 열린 민주주의 즉 '개방'의 자세와 구동존이求同存異 즉 같은 것은 구하고 다른 것은 존중한다라는 포용의 태도로 다양성을 인정하는'통합'의 가치를 실현해야 한다. 좌파와 우파, 자유주의자, 공화주의자, 공동체주의자 그 어떠한 이름을 붙이든 우리 모두는 대한민국이라는 한 배에서 함께 여행하는 동반자라는 것을 기억해야 한다.

04
다시 민주주의

민주주의라는 것은 인간이 발명한 위대하고 아름다운 정치체제이지만 완전체가 아니고 거대한 실험 중이고 계속 발전시켜야만 하는 골치 아픈 숙제다. 뿐만 아니라 늘 위험과 불안이 도사리고 있다. 민주시민교육이 지속적으로 진행되지 않거나 국민 스스로가 깨어있지 않으면 집단지성은 사라지고 플라톤의 우려가 아닐지라도 중우정치衆愚政治가 될 수도 있고, 코로나19 사태에서 본 것처럼 정부-정치권력이 개인과 시민을 쉽게 통제할 수 있으면 또 다른 전제정치가 나타날 수도 있다.

히틀러와 같은 시대의 전쟁광이 다시 나오지 말라는 법도 없다. 히틀러는 뮌헨봉기 실패 이후 감옥에서 그럴싸한 이데올로기를 만들었다. 히틀러는 특유의 선전 선동으로 '국가사회주의독일노동자당'(Nazi나치)을 만들고 선거로 당당하게 집권을 했다. 히틀러는 유대인을 박테리아로 규정하고 6백만 명을 학살하고, 2차 세계대전을 일으켜서 인류에게 참혹한 범죄를 저질렀다.

히틀러를 경험한 독일은 지금도 좌파정당 우파정당 가리지 않고 자국은 물론 개발도상국이나 제3세계에 민주시민교육에 많은 재정과 인력을 투자하고 있다. 회의하지 못하고 저항정신이 거세된 시민들의 선택으로 탄생한 정권의 폐해가 너무도 참담했기 때문에 이를 반성하기 위해 민주시민교육에 철저하다.

나 역시 20대 후반에 독일 프리드리히 나우만 재단의 후원을 받아 지방자치 아카데미에 참가한 경험이 있다. 그때 강사로 참여했던 분들은 노무현, 김두관, 권영길 등 이었는데 이분들은 이후 한국 정치사의 한 획을 그었다. 요즘에 드는 생각은 식민과 분단의 최빈국에서 반세기만에 이룬 산업화 민주화의 성취는 기적이라고 믿는데 이 정도면 우리나라의 민주주의를 가난하고 힘겨운 제3세계 등 다른 나라에 가르치고 수출해야 할 때가 된 듯하다고 생각한다. 지금 한글과 한류를 수출하듯 한국의 민주주의도 수출이 가능하다.

앞에서 말한 것처럼 우리나라도 30년 전까지만 해도 군부 엘리트가 집권했다. 박정희-전두환-노태우로 이어지는 군부의 집권은 대략 30년이다. 이들은 총칼을 앞세워 쿠데타로 집권을 하고 간접선거를 통해 체육관에서 대통령을 선출했다. 국민이 대통령을 직접 선출하게 된 것은 1987년도부터 가능하게 되었으니 민주주의라는 것이 참 어려운 일이다.

2500년 전 만들어진 민주정을 우리는 지금 재사용한다. 도시 국가 폴리스에서 행해지던 직접민주주의를 국가 단위에서 사용하기에는 쉽지 않아 대의민주주의 즉 간접민주주의를 사용한다. 너무도 오래된 정치형태가 죽지 않고 부활해서 지금까지 쓰인다는 것은 민주주의라는 것이 참 위대한 제도라는 것을 반증한다.

다시 민주주의를 얘기해야 하는 이유는 소크라테스 때문도 아니고 플라톤이나 아리스토텔레스 때문도 아니다. 계급과 계층 성별의 차이, 학력과 재산의 유무를 떠나 모든 국민은 주권자가 되었기 때문이다. 헌법 제1조 1항의 표현대로 대한민국의 주권은 국민에게 있고 모든 권력은 국민으로부터 나오지만 권리만이 아닌 책임과 의무를 잊어서는 안된다는 뜻이다.

우리가 대한민국을 선택해서 태어난 것은 아니지만 대한민국의 대통령과 정치인 그리고 정당을 선택해서 뽑을 수 있다. 자신이 선택한 이상 그리고 공동체의 룰로 선출된 권력에 대해서는 인정하고 비판할 수 있어야 한다. 이것이 성숙한 민주사회를 만드는 민주시민의 역할이고 책임이다.

"영웅은 천하를 정복하지만 자기를 정복하지 못하고, 성현은 천하를 정복하지 않고 자기를 정복한다. 영웅은 자기의 번뇌를 남에게 짊어지게 하지만 성인은 천하 사람의 번뇌를 스스로 짊어진다."

지금은 영웅과 성현의 시대가 아니라 국민국가의 시대다. 국민 한 사람 한 사람이 권력을 시장을 사회를 바꿀 수 있는 시대가 되었다. 우리는 영웅도 성현도 아니지만 대한민국의 주권자이다. 투표부터 시작해서 권력에 대한 비판과 감시, 그리고 작든 크든 애정과 대안을 제시하는 성숙한 시민 의식이 필요하다. 권리를 행사할 때는 사회주의적으로 최대화하려 하고 의무에는 자본주의적으로 최소화하려는 개인주의를 넘어서야 한다.

　우리는 공동체와 이웃에 대한 배려와 성숙한 민주시민의 자세를 정치에서도 보여줘야 한다. 대한민국의 주권자이자 시민인 우리는 이제 다시 민주주의를 얘기하고 노래해야 한다. 타는 목마름으로 가 아닌 이젠 삶과 생활 속에서 말이다.

3장

정치적 리더가
갖춰야 할
자세와 덕목

01
탈세계화와 정치적 리더십

영원할 것 같았던 세계화가 종말을 고하고 있다. 70여 년의 평화도 그 좋았던 시절처럼 추억할 것이다. 1, 2차 세계대전 이후 70여 년간 사피엔스가 이룬 생산과 혁신은 수백 년에 걸친 문명의 성취보다 월등하다. 세계가 연결되고 자유무역과 이동의 자유가 보장되면서 인간은 세계화의 기적으로 지금의 번영을 만들어 냈다.

제조업에서 만들어지는 일자리를 부유한 국가에서 가난한 국가로 이전시킨 국제적 노동 분업 등으로 개도국은 조금씩 빈곤에서 벗어날 수 있었고 선진국은 값싸고 질 좋은 제품을 공급받으면서 30년에 걸친 인플레이션이 없는 경제적 호황을 누릴 수 있었다.

세계화는 국부적으로 이뤄진 것이 아니라 말 그대로 세계적으로 이뤄졌다. 대한민국이 선진국이 된 것은 두 개의 기적으로 가능했다. 하나는 한강의 기적으로 말미암은 것이고, 또 하나는 세계화의 기적이다.

2008년 세계금융위기 이후 한국은 세계의 공장이자 시장이었던 중국의 이웃나라로서의 지경학적 이익을 톡톡히 누렸다. 이러한 성과와 코로나19라는 팬데믹에 적절한 대응과 엔데믹의 도래 그리고 디지털혁명의 물결에 편승하면서 대한민국은 세계 10위권의 경제대국이자 선진국가로 도약할 수 있었던 것이다.

우리나라를 비롯한 통상국가와 개발도상국들에게 발전의 디딤돌이 되었던 세계화가 이제 탈세계화의 길을 걸으려 한다. 미중의 무역전쟁과 가치사슬에 의한 외교분쟁 그리고 노동분업과 자유무역의 후퇴, 미중간의 디커플링 등은 세계 경제 전망과 민주주의를 더욱 어둡게 만든다.

탈세계화의 한 축에는 트럼프와 같은 '미국우선주의'라는 경제민족주의가 있다. 탈세계화의 길은 리쇼어링, 보호무역주의, 인태전략 등으로 구체화 되고, 러시아와 중국 등 권위주의 체제에 대한 고립을 위해 미일 해양세력의 동맹을 강화한다. 탈냉전 이후 민주국가 간의 가치동맹이라는 것이 의미가 있기나 한 것인지는 모르겠다.

다만 이러한 가치동맹의 추구로 인해 세계화의 수혜로 빈곤에서 벗어나고 있는 많은 나라들은 새로운 위협에 직면하고 있으며 이념과 가치 때문에 인류가 때아닌 경제적 고통에 시달리게 된 것만은 사실이다.

탈세계화는 보호무역으로 통상국가의 입지를 좁히고 개도국의 경제성장과 발전의 기회를 박탈하여 고립화를 초래하여 결국 세계적인 물가상승과 경기침체를 양산한다. 이러한 부작용은 세계적으로 반세계화 포퓰리즘으로 이어지고 결국 인류의 평화를 해치는 길로 접어들게 되는 것이다.

한중일 국민들 사이에서 나타나는 혐오와 갈등은 더욱 빈번해지고 거의 모든 영역에서 나타나고 있으며 지구적으로는 반중정서, 이민자 반대, 남미와 유럽의 포퓰리즘 정당과 정치인의 득세, 인플레이션과 스테그플레이션의 장기화 등의 영향으로 세계화의 문이 서서히 닫히고 있다. 한때 그토록 찬란했던 인류 공영과 장기적 평화는 어느덧 먼 과거의 일처럼 멀어지고 있다. 마치 도둑처럼 들어온 이상한 흐름에 전 인류의 고난이 시작되고 있는 것이다.

세계화의 새로운 전환이라는 것도 결국 우리나라와 같은 통상국가는 미일 등 동맹국에 집중해야 하는 처지에 놓이게 되고 지정 지경학적 우위를 통해 누릴 수 있던 경제적 안보적 이익과 보장은 더욱 어렵게 얻을 수 있게 되었다. 외교나 국방에서는 다시 전략적 경쟁국가가 만들어지면서 그동안의 외교적 성과를 뒤엎고 냉전시대에나 볼 수 있었던 긴장감만 고조되었다.

아무리 선한 의도라도 선한 결과를 만들지 못한다면 과연 '의도'가 맞는 것인지 타당한 이유가 있는 것인지에 대한 판단을 다시 해야 한다. 현실과 동떨어진 이념과 가치로 인한 탈세계화의 물결은 이제 막 선진국에 진입한 우리나라와 같은 통상국가에게는 쓰나미와 같은 엄청난 위협이자 사회적 약자와 서민들의 경제적 위기를 더욱 부추기는 동인이 된다.

정치적 리더는 끌려다니는 사람이 아니라 이끄는 사람이다. 정치인은 리더로서의 역할은 우리나라가 가야 할 비전과 방향을 제시하여 국민적 합의에 입각한 정치적 동의를 얻는 일이다. 더욱이 최근 국제적 정세처럼 극단적 대립의 시대에 정치적 리더의 정확하고 빠른 판단은 어느 때보다 중요하게 요구된다.

정치인이 우왕좌왕 갈팡질팡 해서는 제대로 되는 일이 하나도 없게 된다. 정세가 어떤지 정책은 바르게 세워졌는지 정확하게 진단하고 통찰하여 국가의 시스템이 제대로 작동하고 집행되도록 통제할 수 있어야 한다. 정치인의 무기는 법적 제도적 강제력에 있고 이러한 힘을 토대로 국가를 이끄는 것이다.

우리가 살아가는 세계와 나라가 지금 처한 상황과 위치에 대해 직관적으로 그리고 전략적으로 파악하고 대응할 수 있는 능력에 따라 지도자에 대한 평가가 달라진다. 위기의 시대에는 위대한 전략이 필요하고, 비상한 시국에는 각별한 처방이 요구된다.

바람이 불면 담을 쌓을 것인지 풍차를 돌릴 것인지 판단해야 한다. 탈세계화의 바람이 우리사회와 국가경제에 어떤 영향을 얼마나 미칠 것인지 과학적이고 객관적으로 판단해서 국익과 국민을 중심으로 정책의 방향을 제시해야 한다. 순풍인지 역풍인지도 모르면서 무조건 '노만 저으라!'는 억박지름으로 지도자의 권위가 만들어지지 않는다. 순풍에는 돛만 펴도 살같이 날아가고 역풍이 불어도 현명한 리더만 있다면 배는 전진할 수 있다.

이미 인간의 지혜와 기술의 진보는 바람의 방향으로 막을 수 없을 만큼 성숙해 있기 때문이다. 문제는 성숙한 정치적 리더, 통찰력과 공감력을 지닌 정치적 지도가 존재하는가 그렇지 않은가에 따라 대한민국의 운명이 달라질 수 있다. 부산 엑스포 개최의 실패를 반면교사로 삼아야 한다. 탈세계화의 시대에 조금만 발을 헛디디면 우리 국민은 엄청난 시련에 직면할 것이기 때문이다.

02
리더가 갖춰야 할 네 가지 능력

북한은 배를 만들고 싶다면 나무를 구해와라 밧줄을 구해와라는 식의 일감을 주는 말보다 바다에 대한 꿈과 동경을 얘기하라는 말이 있다. 일이 되게 하려면 사람의 마음을 읽고 사람을 움직이게 해야 한다는 얘기다. 리더는 꿈과 비전을 주는 존재라는 거다.

리더는 사람들이 이성과 머리로 이해하고 판단을 위해 귀에 대고 이야기하는 사람이 아니다. 사람들의 심장을 뛰게 하고 감동을 주는 가슴에 대고 이야기를 할 줄 아는 존재가 리더다. "그대들은 귀에 대고 얘기하라 나는 가슴을 때릴 테니"하면서 감성과 진정성에 호소할 줄 알아야 한다.

리더라는 존재는 목표를 정하고 일의 공정을 꿰뚫어서 사람을 통해 일을 성공으로 마무리 지어야 한다. 목표와 공정은 회의와 토론, 조사와 연구를 통하면 그리 어렵지 않게 잡아낼 수 있다. 하지만 그 일을 해내는 것은 결국 사람이기 때문에 사람을 움직이는 매력과 지혜를 갖춰야 한다.

리더에게 필요한 능력은 결단력, 통찰력, 추진력, 설득력 등인데 갖추기가 쉽지 않다. 타고난 성품에 지속적인 시도와 실패 그리고 성공의 노하우가 곁들여질 때 그 탁월함이 발휘된다. 탁월함이라는 것은 타고난 천성과 본능에 대해서 실천을 통해 극복하고 체현함으로써 가능한 것인데 많은 시간과 노력이 필요하다.

우선 결단력은 리더라면 꼭 갖춰야 할 덕목이지만 언제 결단해야 할지 무엇에 결단해야 할지 늘 고민되지 않을 수 없다. 하지만 일을 하다보면 반드시 위기와 기회가 있고 변곡점이 있기 마련인데 이러한 시점을 동물적 감각으로 인식하고 직관적 능력으로 돌파할 줄 알아야 한다.

타이밍을 놓치지 않아야 최악의 결과를 피할 수 있고 조직과 구성원들을 살려낼 수 있다. 고독하고 고통스러울지라도 반드시 결단할 때를 놓치지 않고 결단할 때 리더로서의 자격을 획득할 수 있다.

통찰력은 날카로운 직관력과 깊은 내공으로 사물의 이치를 꿰뚫어 보는 능력을 말한다. 직관이라는 것은 이성과는 대비되지만 많은 경험과 공부 깊은 사색과 감각이 안받침 될 때 제대로 힘을 드러낸다. 어떠한 현상과 사물을 즉시 파악하는 것은 메타 meta인지적인 생각의 능력으로 작든 크든 규모의 문제 가볍고 중요한 경중의 문제뿐만 아니라 그 속 깊이 간직한 맥락과 줄기를 읽어낼 수 있게 한다. 궁리하는 힘, 생각 저 너머를 생각하는 생각 즉 지혜가 통찰력이다. 통찰력이 없는 결정과 결단은 실수와 오류로 점철될 뿐이니 통찰력을 키우기위한 각별한 노력이 필요하다.

　추진력은 목표를 향하여 나아가는 힘이다. 일을 되게 하려면 동력이 필요하다. 로봇이나 인공지능 AI에게 일을 시켜도 전기와 데이터가 필요하다. 하물며 사람과 하는 일에서야 오죽하겠는가? 사람의 열 걸음이 아닌 열 사람의 한 걸음이 조직과 공동체가 추구하는 가치다.

　리더의 추진력이 아무리 강해도 소통과 공감 없는 추진력은 사상누각에 불과하다. 때문에 리더의 추진력이 제대로 전달되기 위해서는 사람을 챙기고 사람을 움직이게 하는 동력 즉 함께 가야 하는 명분과 함께 나누는 실리를 명쾌하게 소통하고 공감해야 한다. 도덕적 자극과 물질적 자극 이 두 가지를 잘 활용해야 추진력이 배가된다.

　설득력은 말을 통해 상대를 내 편으로 만드는 힘이다. 설득이라는 한자를 파악해보면 말로써 얻는다는 뜻인데 어떠한 말이 사람을 얻게 할까. 아무리 논리와 정확성을 갖춘 말일지 라도 마음과 뜻을 전달하는 데 한계가 있을 수밖에 없다. 머리와 이성으로는 납득이 되겠지만 기꺼이 내 편이 되어 먼 길을 함께 가게 하기 위해서는 가슴과 감성에 호소할 줄 알아 야 한다.

선거 때 보면 유세라는 것을 한다. 유세遊說의 세도 말씀 설자를 같이 쓰니 동자이음인데 유세에서 가장 중요한 것은 자신이 하고 싶은 말을 하는 것이 아니라는 뜻이다. 내 말만 번지르르하게 늘어놓을 것이 아니라 상대를 기쁘게 하는 말 상대가 듣고 싶어 하는 말을 먼저 할 줄 알아야 한다. 마치 죽을 때까지 사랑한다고 말하는 것처럼 말이다.

길이 멀어야 말의 힘을 알 수 있고 일이 어려워야 사람의 능력을 알 수 있다. 모두를 얻거나 모두를 만족시키는 선택지는 현실에 거의 없다. 리더는 오물을 뒤집어쓰는 존재이듯 욕먹는 것을 두려워해서는 안된다. 선장이랍시고 노를 저으라고 강요만 할 것이 아니라 우리배가 어느 항구로 가는지를 정확하게 알게 하고 믿음으로 일을 배분하고 기쁘게 설득해서 함께 갈 수 있어야 리더라고 할 수 있다.

03
리더의 자세와 덕목

사람을 이끄는 매력과 사람을 움직이게 하는 지혜와 힘이 리더의 자세이자 덕목이다. 리더가 리더로서의 역량을 발휘하기 위해서 중요한 게 자세 또는 태도인데 대표적으로 경청과 소통을 들 수 있다.

리더의 우선적인 자세와 덕목인 경청에 대해 알아보자. 경청의 경은 기울일 경으로 정면으로 몸을 기울여서 상대방의 얘기를 듣는다는 뜻으로 그만큼 상대에게 성의를 보여주는 모습이다. 옳은가 그른가 하는 판단의 문제보다 자세의 문제를 얘기하는 것이 먼저 상대를 공경하는 마음으로 들어주는 것을 의미한다.

사람은 누구나 매슬로의 인간 욕구 5단계 이론처럼 존중받고 싶고 인정받고 싶은 욕구가 있다. 리더가 보여주는 사소하고 친절한 행위인 경청이 어떤 큰 의도보다 더 값지게 작용하 게 된다. 사람은 자기를 인정해 주고 알아주는 사람을 위해 목숨까지 건다고 하니, 큰돈과 많은 시간이 들어가는 것 아니니 누구라도 한번 쯤 해봄직하다.

경청은 타자를 존중하는 마음의 가장 깊은 배려이자 자세이기 때문에 경청하는 리더에게 사람들은 매력을 느끼고 따르게 되는 것이다. 예전 무소불위의 권력을 지닌 왕들도 신하들이 간언(왕에게 하는 충고)을 할 수 있도록 사간원을 두고 때때로 경청했기에 통치가 가능했다.

들어야 물을 수 있고 듣지 않으면 물을 수 없다. 또 들어야 알수 있고 듣지 않으면 알지 못한다. 학문이라는 것은 배움을 묻는다는 것인데 묻기 위해서는 반드시 먼저 들어야만 한다.

경청이 선행되지 않으면 이후 진행되는 어떤 것도 형식적으로 흐를 수밖에 없다. 먼저 듣는 것 기울여 듣는 것 사람을 움직이게 하는 리더의 첫 단추다.

리더의 두 번째 덕목과 자세는 소통疏通(Communication)이다. 서로가 생각하는 바를 일치 시키고 지향하는 것이 막히지 않게 하여 나아가는 것이 소통이다. 소통이 되면 형통이 되지만, 소통이 되지 않으면 고통이 됩니다. 또한 소통이 되지 않으면 소외가 오고 소외가 오면 조직이든 사람이든 관계는 소원해지고 그 소원함 속에 불화가 만연하게 된다.

정치든 사회든 말하는 10명이 침묵하는 10,000명을 이기는 법이다. 어떠한 문제에 대해 말만 하는 것이 아니라 실로 문제를 해결하기 위해서는 소통이 기본이다. 국가나 기업에서 소통은 조직의 수단이 아닌 조직 양식 그 자체이기 때문에 정치인도 국민과 대화와 토론을 하고 기업인도 시장과 소비자에게 선택받기 위한 노력을 멈추지 않는다. 대화와 토론이 기본적인 소통의 수단으로 많이 쓰이지만 우리는 대화와 토론의 기본을 잘 지키지 않는다.

일례로 TV에서 하는 토론을 보면 누가 옳은가를 두고 논쟁을 하는 경우가 종종 있는데 토론이 제대로 되려면 누가 옳은가가 아니라 무엇이 옳은가에 대해 이야기할 수 있어야 한다. 어차피 생각과 입장이 너무 달라 아무리 오랜 시간 토론을 해도 자기편의 주장만 하다가 그치는 경우가 허다할지라도 말이다. 토론은 상대를 말을 통해 제압하는 것이 아니라 상대의 다른 의견을 통해 자기의 생각의 지평을 넓히는 과정이기 때문이다.

우리는 역사적으로 많은 진정성 없는 형식적인 소통 행위를 보아왔다. 진정성 있는 마음으로 국민과 소통하지 못한 대통령들의 말로末路는 감옥에 가거나 비참한 퇴임을 맞거나 하는 식으로 참담했다. 소비자와 소통이 원활하게 되지 않는 기업들의 경우는 시장에서 퇴출 되거나 도태된다.

리더가 경청과 소통 이 두 가지만이라도 잘할 수 있다면 리더로서의 자격과 덕목은 90% 이상 갖췄다고 해도 과언은 아니다.

그 외의 다른 덕목들은 개인적 편차와 개성의 다양함으로 일반화하기는 쉽지 않다.

경청과 소통 이외에 리더의 덕목 꼭 한 가지를 이야기한다면 의심하지 않고 믿어주는 것이라 할 수 있다. 정치든 경제든 의심 많고 변덕이 심하고 보상에 인색해선 뜻을 이룰 수 없다. 믿지 못하면 쓰지 말고 일단 썼으면 의심 말아야 한다. 말이 쉽지 참 어려운 얘기다. 천하의 공자님도 가장 사랑하는 제자 안회를 잠깐이지만 오해해서 의심한 적이 있다. 선입관과 편견으로 가득찬 인간은 비합리적인 정황과 상황이 닥치면 철석같이 믿었던 사람마저 의심하기 마련이다. 사람이 사람을 믿는다는 것처럼 어려운 일도 없기 때문인가 보다.

피그말리온의 갈라테이아 신화는 믿음이 얼마나 중요한지를 단적으로 보여준다. 비록 신화가 아니더라도 현실에서 종종 나타나는 현상으로 믿음 즉 신념이 보여주는 현상은 놀랍기까지 하다. 플라시보 효과placebo effect 즉 '위약효과'가 과학적인 사실로 밝혀진 것처럼 사람의 믿음이라는 것은 신비의 묘약이다. 그렇다고 믿으면 그런 효과가 나타난다. 실제 어떤 일을 하다 보면 그 사람을 전적으로 믿어줄 때 그 사람은 그 사람이 갖춘 능력보다 훨씬 많은 성취를 이뤄내는 것을 왕왕 경험하곤 한다.

일이라는 것은 혼자서 할 수 있는 것이 아니고 조직을 통해서 서로 역할을 분담하면서 진행하는데 이때 사람을 얼마나 믿고 쓰느냐에 따라 결과가 달라진다.

진나라 이후 천하를 통일한 유방에게서 그러한 예를 찾아볼 수 있다. 시골 출신의 무뢰배였던 유방은 좋은 가문 출신의 항우보다 개인적 자질은 물론 병력의 규모와 실력 등 모든 면에서 부족했다. 하지만 결국 유방이 역발산기개세의 항우를 누르고 이 천하를 통일한다.

사마천의 사기 한고조본기 유방이 어떻게 천하를 통일했는가가 잘 나타나 있다.

"장막 속에 앉아 온갖 책략을 내어 천리 밖의 적을 이기는 것으로는 내가 자방(張良장량)보다 못하고 진압한 나라의 백성을 어루만지며 군량을 공급해 식량이 끊어지지 않게 하는 것으로는 내가 소하보다 못하며, 백만의 군대를 조직해 싸움에 나서서 이기며 공격하면 반드시 빼앗는 것으로는 내가 한신보다 못하다. 이 세 사람은 모두 인걸인데, 나는 이들을 쓸 수 있었기에 천하를 얻을 수 있었다."

유방은 자신이 갖추지 못한 분야에 대해서는 솔직히 인정하고 전문가를 믿고 모셔서 천하를 통일할 수 있었다. 지혜의 장량,

살림의 소하, 전투의 한신을 믿지 못했다면 또 그들에게 전권을 위임해 주지 않았다면 천하통일은 불가능했을 것이다. 현명한 자는 그만한 지위에 있고 능력 있는 자는 그만한 직위에 있다는 노자의 말이 틀리지 않다.

유비에게는 관우와 장비 그리고 제갈량이, 조조에게는 탁월한 책사들과 사마의가, 이성계에게는 정도전과 이방원이 있었기에 역사에 기록될 수 있었다. 역사적으로 봐도 리더들은 자신 보다 역량이 나은 인재들과 경쟁하기보다 그들의 실력을 존중하고 그들을 믿고 등용했기에 이른바 성공할 수 있었다. 여기에서 다루지 못한 수많은 리더의 덕목이라는 것들도 결국 모두 사람을 얻고 사람을 움직이게 만드는 지혜이자 자세들은 다양한 책과 연구논문들을 참고해 보았으면 한다.

04
리더는 왜 공부를 해야 하나

리더를 동양식 표현으로 하면 지도자를 뜻한다. 과거의 지도자는 좋은 가문이나 귀족 출신으로 어느 정도 일반 대중과는 거리가 있는 사람들이었다. 그러나 지금은 대중이 지도자를 선택하는 시대다. 대통령도 대중이 선택해서 선출하고 조합장도 대학 총장도 학생회 회장도 대중이 뽑는다. 다만 한국 기업의 대부분은 CEO를 대중이 선출하지 않지만, 시간이 흘러 유럽처럼 주주와 노동자들이 기업의 CEO를 선출하게 된다면 기업의 CEO도 예외일 수 없을 것이다.

요즘에는 사람들이 지도자의 이미지를 중시한다. 물론 이미지라는 것은 그 사람의 브랜드와 스토리와 정체성 등이 결합되어 형성된다. 이러한 이미지가 그 사람의 업적이나 비전보다 훨씬 다가가기 쉽기때문에 대중은 그 지도자의 이미지를 투사해서 그 사람을 판단하기도 한다.

그렇다 보니 입만 열면 '애국'을 외쳤던 정치인을 정말 애국자로 믿고 대통령으로 선출하기도 했는데 다시 생각해도 아찔하지 않은가. 시절이 이렇다 보니 그만큼 진짜보다 가짜가 판을 치기도 한다. 진짜를 만나려면 얼마나 많은 가짜를 거쳐야 하고 백마 탄 왕자님을 만나려면 얼마나 많은 개구리와 입맞춤을 해야 할까.

어쨌든 정부든 사회이든 기업이든 지도자가 대중에게서 인정받고 바로 설 때 제대로 역량과 기능을 발휘할 수 있다. 노자는 다른 사람을 이기는 사람은 힘이 있고, 자신을 이기는 사람은 뜻이 강하다고 했다. 자신을 경쟁 상대로 삼고 자신을 이겨낼 만한 뜻이 강한 사람이 지도자로서 설 수 있다는 얘기다.

지도자가 지도력을 발휘하기 위해서는 권위가 있어야 한다. 그런데 그 권위를 대중에게 인정받기 위해서는 생각과 말과 행동이 검증되어야 한다. 지도자에게서 뿜어져 나오는 고매한 인품과 깊은 통찰력에서 나오는 지도력이 조화가 될 때 권위가 생겨난다. 권위라는 것은 힘이나 카리스마를 얘기하는 것이 아니라 옳음rihgt으로 위력might를 넘어서는 것이다. 옳음이 위력을 극복할 때 대중은 지도자를 존경한다.

지도자로서 인정받기 위해서는 가장 필요한 게 인문학적 소양과 인간적인 매력이다. 인문학적 소양을 기르기 위해서 가장 필요한 것이 배우려는 자세와 노력이다. 자세는 마음가짐 즉 다짐이고 노력은 앎을 행하는 실천이다. 인문학적 소양은 타고나는 것이 아니라 쌓여지고 익혀지는 것인데 공부 특히 동양고전이라는 문을 통하면 누구나 빠르게 오랫동안 가능하게 될 수 있다. 인간적인 매력은 인문학적 소양으로 체화한 사람의 일과 생활을 보면 자연스럽게 드러나게 된다.

구체적으로는 공자의 말처럼 기소불욕물시어인(己所不欲勿施於人) 즉 자기가 싫어하는 일을 다른 사람에게 시키지 않는 것이다. 쉽게 말하자면 자기 고집을 내세우지 않고 상대를 인정하는 태도를 의미한다. 자기가 중요하면 남도 중요하고 남을 세워야 자기를 세울 수 있고 진정으로 사랑한다면 상대를 세워줄 줄 알아야 한다. 자기가 옳다는 것만 놓아버려도 자기가 모른다는 것만 인정해도 배움의 깊이와 질은 한 차원 업그레이드된다.

공자는 논어 양화 편에서 육언육폐六言六蔽에 대해 자로에게 이야기해준다.

'인을 좋아한다면서 배우기를 싫어하면 어리석어지고, 지혜를 좋아한다면서 배우기를 싫어하면 허황해지며, 신의를 좋아한다면서 배우기를 싫어하면 의를 해치게 되며, 정직함을 좋아한다면서 배우기를 싫어하면 가혹해지며, 용기를 좋아한다면서 배우기를 싫어하면 난폭해지고, 굳세기를 좋아한다면서 배우기를 싫어하면 무모해진다.'

인仁, 지知, 신信, 직直, 용勇, 강剛이라는 군자의 여섯 가지 덕이라는 것이 배우지 않으면 여섯 가지 폐단이 된다는 얘기다. 아무리 좋은 덕을 품고 있어도 배우고 익히지 않는다면 폐단으로 흐를 수 있음을 경계한 말인데 예나 지금이나 천하의 바른 이치라는 것은 다를 것이 없다.

인간은 땅에서 넘어지는 존재다. 땅에서 넘어진 사람은 허공을 붙잡고는 설 수 없고 넘어진 땅을 딛고서야 일어설 수밖에 없다. 배움이라는 것도 구체적인 생활과 일속에 있다. 현장에 답이 있다는 말처럼 현실을 떠난 그 어떠한 배움도 사변적일 수밖에 없고 허망한 이론에 불과하다.

배움은 멀리 있지 않고, 결코 어렵지 않다. 때때로 하고 내가 발 딛고 있는 현실 그 자체가 교과서라 믿고 실천하면 그만이다. 그 어떤 사람에게서라도 설사 그 사람이 경쟁자이거나 적이라 할지라도 그 사람에게서 다만 한 가지라도 배울 수 있다고 믿으면 된다

배움이 없는 리더는 생명력이 길지 않다. 함께 오래가는 조직을 이끌 리더라면 배우는 것을 기쁘게 해야 한다. 공부하는 리더가 공부하는 조직을 만들고 공부하는 조직이 존경받는 리더를 만들고 지켜낸다.

05
리더는 나쁜 남자

한때 '나쁜 남자'라는 말이 유행했다. '나쁜 남자'는 겉으로 볼 때는 다정다감하지 않고 성격은 좋지 않아 보일지라도 오래 보거나 알고 보면 속정도 깊고 왠지 모를 끌리는 매력을 지닌 사람이다. 일과 사업에서는 능력과 합목적적인 결단성을 갖춘 사람이자 끝까지 해내고야 마는 인내심과 의지력을 품고 있다. 나쁜 남자를 소재로 영화와 드라마가 제작될 정도로 나쁜 남자는 인기가 있었다.

다만 여기서는 '나쁜 남자'를 젠더gender로서 남성을 의미하는 것이 아니라 나쁜 사람 정도로 이해하면 되겠다. 리더에 대한 이야기를 하면서 왜 나쁜 남자를 꺼냈을까. 리더야말로 진정 '나쁜 남자'일 때 리더의 역할을 제대로 해낼 수 있다고 보기 때문이다.

힘없는 선善은 악惡보다 못하다는 말이 있다. 아무리 선한 의지로 일과 사업을 추구한다고 할지라도 반드시 결과가 선으로 귀착되지는 않는다. 선한 의지가 선한 결과로 이루어지기 까지는 힘없는 선으로는 불가능에 가깝기에 악의 가면을 쓴 오물을 뒤집어쓰는 존재인 리더가 필요하다.

리더는 인격 모욕적인 욕을 먹기도 하고 인간이 글러먹었다는 평판도 감수해야 하고 주변으로부터 온갖 오해를 받기도 한다.

그러나 이러한 오물을 뒤집어쓰는 존재인 리더가 없다면 일의 시작은 고사하고 결과를 보장할 수 없다. 설사 일이 한 두어 번은 될 수 있을지언정 지속적으로 성사되기는 불가능하 다. 일이라는 것은 시작도 중요하지만 수많은 공정과 과정을 거쳐야만 끝에 도달할 수 있기 때문에 매듭과 마무리를 짓는 데까지 나쁜 역할을 도맡아 하는 리더가 필요하다.

'나쁜 남자' 리더는 끝을 보겠다는 결단력과 자기 확신 그리고 곳곳에 도사리고 있는 수많은 질곡과 장애도 극복할 수 있는 의지와 능력이 필수적인데 게다가 고독하기까지 하다. 내공 과 맷집이 필요하다는 건데 '나쁜 남자'라야 가능하다는 것이다.

넬슨 만델라의 말처럼 어떠한 일도 해내기 전까지는 다 불가능한 것으로 보는 법이다. 해내기 전까지는 해낸 것이 아니고 해내기 위해서는 덫으로 가득한 현실을 인정해야 한다. 늘 앞은 어둡고 때때로 불가능과 실패의 기운은 엄습해 온다.

하지만 풀 한 포기 나무 한 그루도 꽃을 피우고 열매를 맺기 위해서 얼마나 많은 천둥과 벼락의 두려움과 추위와 더위의 고통을 이겨내야 하는가? 마찬가지로 세상이라는 정글에서 살아남기 위해서 그리고 자신을 믿고 따르는 사람들을 성공시키기 위해서 더욱이 자신의 신념과 꿈을 현실에서 관철시키기 위해서 리더는 매양 스스로를 단련해야 한다.

리더는 정말 좋은 인성과 고매한 품성을 지녔을지라도 안으로는 채찍질하며 겉으로는 합리가 아닌 합목적으로 이성과 감성을 넘어서는 과감한 직관과 결단력을 지녀야 한다.

현실 사회는 합리와 공정의 탈을 쓴 채 웃고 있지만, 그 민낯은 불합리와 부조리 불공정의 덫으로 가득차 있다. 불합리 불공정을 이겨내는 힘은 '나쁜 남자'가 갖춘 특유의 돌파력과 목적 중심적 사고에서 나온다.

누구나 착한 마음 착한 행동 착한 제품 착한 가격으로 시장을 지배하고 싶지만 바람일 뿐 현실은 냉혹하다. '나쁜 남자'는 착함 속에 숨어있는 약함을 파악하고 무능과 안일함을 착함으로 포장한 가면을 벗겨내는 사람이다. 노예가 노예를 부리는 조직

이 승리할 수 없기에 주인의식과 사명감을 갖춘 '나쁜 남자'가
리더가 된다.

　나쁜 남자는 지옥으로 가는 길을 잘 아는 사람이다. 대중을 천
국으로 이끌기 위해서는 지옥으로 가는 길을 누구보다도 잘 알
고 있는 사람이 필요하기 때문이다. 특히 정치적 리더는 악마적
수단과 손을 잡을 수 있는 용기와 집념이 있어야 하고 그를 통해
천사적 대의를 실현해야 하는 신념과 책임윤리로 무장해 있어야
만 하기 때문이다.

|4장|

작심과
출마준비

01
작심이 우선이다

　우리가 목표에 도전하기 위해서 우선해야 할 것이 있다. 바로 작심作心인데 작심이란 마음을 짓거나 마음을 잡는 것을 뜻하는 것이다. 하지만 대다수의 사람들은 작심삼일이라는 말처럼 모래성을 쌓았다가 부수듯 마음을 잡는 데서 그치는 경우가 허다하다. 작심만을 할 뿐 꾸준한 실천이 수반되지 않기에 성취와 결과를 이끌어내지 못하고 실패하거나 포기하곤 한다. 우리는 경험을 통해 마음먹은 것을 끝까지 지켜내는 것이 얼마나 어려운가를 잘 알고 있다. 금연이나 금주 또는 다이어트를 시도했다가 실패해본 경험이 있는 사람이라면 더욱 실감이 날 것이다.

　그러나 어쩌랴! 선거라는 운명을 건 한판의 승부에서 더욱이 자신이 출마해서 당선되기 위해서 가장 먼저 해야 할 작업이 바로 마음을 짓고 곧추세우는 일 즉 작심에 있음을! 물론 이를 이해하는 사람들은 의외로 많지 않다. 당연하게 여기기 때문에 와닿지 않는 것이다. 정치든 뭐든 시도를 성공으로 이끌기 위해서는 당연한 것에 대해 늘 회의하고 당연한 것이 마땅한 것으로 자신만의 루틴이자 베이스로 만들어야 한다.

　대다수의 정치 지망생들은 그저 선거 때만 되면 친구따라 강남가듯 남들이 시장에 가니까 나도 간다는 관성으로"내 마음 나도 몰라!"라면서'묻지마'출마와'닥치고 정치'라는 무모한 실험과 도전을 일삼곤 한다. 대단한 용기처럼 보이지만 기실 만용이자 망해보지 못해 안달이 난 재벌 3세나 4세대 마냥 거침이 없다. 물론 전생에서 나라를 구한 몇몇 극소수의 사람은 성공하지만 99%의 사람에게는 결국 참담한 후회와 쪽팔림 그리고 암담하고 감당하기 어려운 물적 정신적인 피해와 더불어 가혹한 패배만이 기다리고 있을 뿐인데도 말이다.

　필부필부 장삼이사들도 아는 것처럼 이들 가운데 다수는 거의 실패를 밥 먹듯이 하는 사람들이다. 부끄러운줄 모른다. 예의염치가 없다. 태극기 들고 다니면 애국자인 줄 아는 노인들과 다를 바 없는 수준으로 정치에 입문했거나 골프 머리 올리듯 필드만 나가면 되는 줄 아는 족속들이다. 이런 자들이 정치를 혐오하게 만들고 반정치 프레임에 갇혀 선량한 정치인들을 도매금에 넘기는 자들이다.

　이들은 입과 말로는 '사람중심', '사람우선' 등 시도 때도 없이 '사람타령'을 일삼다가 정작 세월을 허비한다. 하지만 선거에서 만큼은 사람이 먼저가 아니라 작심이 먼저라는 사실을 망각해선 안된다. 또한 작심과 결단을 내리기 전까지는 기나긴 번민과 좌충우돌하는 고뇌와 방황의 시간이 반드시 필요하다.

오롯이 자기만이 감당할 수 있는 시간을 갖지 못한 사람은 작은 장애와 시련을 극복하지 못하고 거의 대부분 중도에서 포기한다. 마치 포기라는 대단한 결단이라도 내린 것처럼 자신을 합리화하고 포기의 명분을 천명하기까지 하는데 가관도 이런 가관이 없다.

따라서 출마자에게 있어 번민과 고뇌를 이기고 내린 결단이자 결심인 작심이야말로 포기를 없애고 실패를 줄일 수 있는 유일한 길이자 후회 없는 길을 걸을 수 있게 하는 유일한 방법이다. 결국 그대를 당선과 성취의 길로 나갈 수 있게 해주는 유일한 방법은 먼저 충분히 고민하고 끝까지 작심해서 먼저 결단해서 하는 것이다.

선거판에서 일을 해보면 기가막힌 일들을 많이 겪게 된다. 준비는커녕 작심조차 안 된 사람들이 남들이 시장에 가니까 나도 따라서 가는 것처럼 준비 없는 출마를 남발한다. 물론 선거가 있으니 출마를 하겠지만 준비 없는 출마는 묻지마 출마일 뿐 가히 사태라 아니할 수 없다.

일례로 우리나라에서 가장 크다는 대통령선거를 봐도 그렇지 않은가? 결과적으로 만 표도 못 받는 사람들이 최소 서너 명 넘게 출마하기도 하고, 실제로는 후보 등록도 못 하는 사람들이 출마 선언을 남발하면서 정치를 희화화한다. 지난 대선에도 윤석열과 이재명만 등록한 것은 아닌 것만 봐도 알 것이다.

대통령선거도 우습게 보이는데 하다못해 지방의원이나 지자체장, 국회의원은 얼마나 우습게 알 것인가 말이다. 이는 마치 에베레스트에 사는 토끼가 산 아래 사는 코끼리보다 자기가 크다고 착각하는 것과 다르지 않다. 국회의원 300명이 별무소득 없이 매일 쌈박질만 한다고 생각하고, 지방의원들은 상갓집이나 다니는 동네의 한량으로 생각하기에 시장 가듯 소풍 가듯 재미삼아 출마하고 이는 출마 러시라는 황당한 결과를 만들어 낸다.

이런 어리석은 비교와 준비 없는 출마로 인한 참사는 개인의 실패에 그치지 않는다. 개인의 실패는 개인의 금전적 손해와 대내외적 명예에 흠결을 입히는 정도에서 그치지만 결과는 참담하다.

사실이 이렇다 보니 우리나라의 정치가 3류니 4류니 하면서 욕을 먹게 된다고 해도 과언이 아니다. 자신의 정치에 대한 입장이나 철학도 없이 기성의 정치인이나 현실의 정치가 우스워 보여서 출마하는 사람들의 팔할 이상은 기성과 현실의 정치 및 정치인과 똑같은 딜레마에 빠지게 된다.

그나마 어찌해서 다행히 당선되면 그나마 다행이지만 낙선하면 이것이 누구의 책임이란 말인가. 그를 독려하고 출마하라고 부추긴 이른바 선거 브로커들의 탓인가. 아니면 자신의 줏대가 약한 탓인가.

자신이 '왜 출마를 하고 왜 정치를 하는가?'에 대한 스스로의 고민과 답도 내리지 못한 사람이 정당에 가입해서 시민을 대변하거나 대의체제에 몸담겠다는 것은 걷지도 못하는 아이가 뛰어보겠다는 거나 다르지 않다. 따라서 출마를 하겠다면 반드시 작심하는 노력과 작심이 되었는지를 스스로에게 물은 이후에 출마해야 한다.

02
조사 없이 발언하지 마라

시대는 4차 산업혁명을 이야기하는데 선거는 석기시대다. 선거를 운빨로 생각하거나 캠페인을 주먹구구식으로 하는 후보가 거의 대다수다. 그러니 손에 王자를 써가지고 다니는 사람이 대통령이 되기도 하고 빨간 속옷을 입었다는 등 각종 미신과 유사과학이 판을 친다. 과학과 무속과 과학이 묘하게 공존하거나 교차하고 있는 시대라고 생각해도 그리 틀린 것은 아닐테다.

하지만 정말 이기고 싶고 당선되고 싶다면 선거는 과학이라는 조지 니폴리탄의 말을 깊이 새겨야 한다. 나도 수많은 선거를 치러봤고 출마도 해보왔으나 선거는 기도와 간구만으로 되는 것도 또 의욕과 투지만으로 되는 것도 아니다. 주변 사람들 사랑하는 가족들 더 이상 고생시키고 싶지 않다면 과학적이고 체계적인 방법으로 선거의 알파에서 오메가까지 철저히 조사하고 준비해야 한다.

요즈음엔 각종 데이터도 풍부하고, 여론조사의 기법도 다양하고 과학적이다. 정말 당선되고 싶다면 어떠한 선거든 도전하는 모든 사람은 작심 이후 조사에 임해야 한다. 후보를 보좌하는 참모들과 정치산업에 종사하는 전문가들도 조사에 입각해서 발언하고 그것을 근거로 논리를 세우고 대책을 만들어가야 한다. 그토록 많은 풍부한 조사와 데이터, 첨단 기법과 AI 등은 대통령 선거 등 큰 판에서만 활용되어야 하는가 말이다.

선거는 총이나 칼만 안 들었을 뿐 전쟁터나 다름없다. 상대가 분명하게 있고 상대에게 패하면 4년은 더 기다리거나 출마를 포기하거나 또는 낙관한 듯 낙선의 쓴잔을 외롭게 들이켜야 한다. 이러한 비극을 피하기 위해서는 이기는 방법밖에 없다. 세상에서 반드시 이겨야 할 두 가지가 있는데 그것은 전쟁과 사랑이다. 전쟁에서 지면 죽는 것이고 사랑을 잃으면 죽음보다 비참하기 때문이다. 하지만 여기에 하나를 보탠다면 선거에서도 이겨야 한다. 선거에서 저본 사람은 안다. 얼마나 쓰라린 패배인가를 말다. 모든 경기는 3등까지 상을 주지만 선거는 1등만 당선이고 2위든 3위든 아니면 꼴찌도 낙선일 뿐이다.

단테 알리기에리의 [신곡] 지옥편은 '이 문으로 들어서는 자 모든 희망을 버려라'라는 말로 시작한다. 사실 출마를 하는 사람들은 거의 모든 출마자들처럼 자신이 산 로또가 당첨되는 환상과 기대 그리고 희망에 부푼 꿈을 품고 산다. 그러나 조사 없이 뛰어드는 준비되지 않는 출마에서 희망이라는 것은 말 그대로 희망사항일 뿐이다. 희망이 현실이 되게 하기 위해서는 그저 희귀하게 바라보는 것이 아닌 구체적인 숫자와 통계로 포장되어져 있어야 한다. 그렇지 않은 어떠한 수사와 단어, 그리고 미사여구로 도배된 멋진 선언과 연설문도 지옥으로 가는 첩경일 뿐이다. 사실 천국과 지옥은 한 끗 차이다. 당선과 낙선이라는 그 한 끗에 너무나 큰 간극이 존재하기에 기왕에 출마를 할 것이라면 이기는 출마를 권할 뿐이다.

출마에 우선해서 꼭 해야 할 준비는 과학적인 조사에 근거한 선거 전략이다. 선거를 잘치르기 위해서는 선거 준비에서부터 선거의 승패를 좌우하는 가장 중요한 전략까지를 고려해서 여론조사를 포함한선거전략 리서치를 해야 한다. 가장 쉬운 자신과 자신의 소속 정당의 인지 호감도, 지지도 등을 점검하는 여론조사부터 자신의 지역 유권자들이 생각하는 후보자 상이나 지역발전에 대한 또는 현안이나 이슈 등 욕구 조사도 필수적이다.

여론조사 등을 통해 지역 유권자가 무엇을 바라는지 주민들이 생각하는 지역현안이나 이슈가 무엇인지를 제대로 안다는 것은 당선으로 가는 나침반을 가지고 여행을 하는 것과 같은 효과를 보인다. 상대가 어둠 속에서 헤매고 있을 때 우리는 가야 할 길에 대해 훤히 알고 있기 때문에 우리는 쉽고 안전하고 빠르게 목적지에 도달할 수 있다.

조사에 기반하지 않는 전략을 세울 경우 자의적이거나 자기만족적인 전략으로 그칠 경우가 많다. '어리석은 자는 경험으로 배우고 현명한 사람은 역사에서 배운다'는 비스마르크의 말처럼 지금처럼 급변하는 세계사적 흐름에서 유권자들의 의식과 마음을 경험적으로 파악한다는 거의 불가능에 가깝다. 그렇기에 과학적인 조사 방법을 가지고 최소한 공식적인 출마 선언 전에 최소한 1~2회의 조사를 해볼 것을 제안한다.

조사 결과 도저히 안 되는 선거 패배가 확실한 선거의 경우 그에 맞는 대비를 할 수 있다. 지난 강서구청장 보궐선거의 경우 정부 여당 특히 용산의 일부는 여론조사를 아예 쳐다보지도 않았던 듯하다. 모두가 아는데 용산만 몰랐다는 것에 모두가 놀랐을 뿐이다. 이번 부산 엑스포 유치 실패만 봐도 그렇다. 객관 즉 조사를 믿지 않고 과학을 등지고 오직 간절한 마음이면 될 수도 있다는 맹신과 맹동이야 말로 국민 특히 부산시민에게 얼마나 큰 충격과 분노를 안겨줬는가.

선거도 그러하다. 조사가 제대로 이뤄지지 않으면 전략이 안 서게 되고 전략이 안 서게 되면 전술은 무용지물이다. 힘과 돈만 속절없이 낭비될 뿐 성과라는 것은 '낙선'이라는 경험 단 한 개에 그치고야 마는 그야말로 통곡과 한숨도 아까운 지경에 몰리게 되는 것이다.

03
준비에 실패하는 것은 실패를 준비하는 것

목표로 가는 모든 길이 평탄할 것이라는 기대는 착각이 아니면 무지일 것이다. 계속 똑같은 일을 하면서 다른 결과를 기대하는 것이야말로 정신이 나간 사람들이나 하는 짓이다. 학창시절 수업 시간에는 놀고 쉬는 시간에는 도시락 까먹고 친구들 운동장에서 축구 할 때 낮잠 자던 친구의 꿈은 전교 1등이었는데, 정말 1, 2위를 다퉜다. 뒤에서 말이다. 선거에서도 이런 행동을 시시포스처럼 반복하면서 당선되고자 하는 사람들이 있다. 정신과 치료나 심리상담부터 받아야 한다.

아무리 좋은 의도로 일체유심조一切唯心造(모든 것은 마음이 만들어 낸다는 뜻)라고들 하지만 진인사대천명盡人事待天命(사람의 일을 다한 뒤에 하늘의 뜻을 기다린다는 뜻)후에야 가능한 일인 것이다. 마음만 백번 천번 먹는다고 로또에 당첨되던가. 로또에 당첨되려면 반드시 로또를 사야만 당첨될 수 있다. 최소한의 기본이라도 해놓고서 기도를 하든 간절히 기대를 하든 희망을 가져야지 아무런 준비도 없이 하고 싶다고 또 되고 싶다고 해서 저절로 이뤄지는 것은 없다. 저절로 이뤄지는 것은 꿈속에서나 머릿속에서나 가능할 뿐 현실에서는 결코 일어나지 않는 망상이자 미몽에 불과하다.

그렇다면 출마를 위해 우리는 무엇을 준비해야 할 것인가. 사실 엄청난 준비와 시간이 필요할 것 같지만 작심과 조사가 끝났다면 절반 이상 아니 90% 이상은 준비가 끝났다고 봐도 무방하다. 작심과 조사가 준비의 시작이자 거의 끝이기 때문이고, 이것이 되어 있다면 정치인으로서 명함을 어디에서도 누구에게도 내밀어도 부끄럽지 않을 것이다.

이러한 기본기가 충실히 갖춰졌다면 이제 가벼운 그렇지만 정치인다운 후보다운 모습이 베여 나오는 본격적인 준비를 해야 한다. 가족이나 친인척 손가락 안에 꼽을 만큼 가까운 친구들의 동의와 지지, 참모 그룹과 코어 세력(3~10명 내외)의 준비, 자금의 마련과 자원 구축, 전략서와 정책과 이슈 준비, 소셜미디어와 SNS 개설, 사무소 설치와 정치적 후견인(멘토) 섭외 기타 선거에 필요한 모든 것에 대한 준비와 기획을 맡아 줄 정치기획사나 전문가와의 계약 체결이면 출마 준비는 끝났다고 봐야 한다.

특별히 강조하고 싶은 것은 반드시 단련되고 검증된 정치산업에 종사하는 정치기획사나 선거 전문가의 도움을 받으라는 것이다. 이들의 도움 없이 선거를 치른다는 것은 선거를 과학이 아닌 의욕의 대상으로 다시 형해화시키는 꼴이다. 어쩔 수 없는 상황이거나 바보가 아닌 이상 낙선을 위해 출마하지는 않는다. 낙선할 것이라면 준비만 하지 않고 출마만 하면 가능하다.

그러나 당선을 선거의 승리를 위해 출마한 것이라면 이기는 방법을 아는 사람들과 힘을 모아야 한다. 당신 주변에 제대로 된 선거 전문가가 단 한 명이라도 있다면 모를까 없다면 기획사와 계약해서 선거를 치르는 것이 비용면에서나 효과면에서나 훨씬 이득이다. 선거를 치르다 보면 후보는 사람 만나고 일정 챙기다 보면 전략을 고민하거나 캠프를 챙기거나 다른 정치적 메시지나 이슈를 처리할 수 없다. 머리는 뜨겁고 가슴은 차갑게 식어간다. 미쳐가는 것이다. 이럴 때 후보의 이러한 고민들을 누가 해결해 줄 수 있는가. 바로 정치 기획사의 선수급 전문가의 조언과 도움이 필요한 이유다.

조금 떨어져서 과학과 객관에 기반해서 상황을 설명하고 빠르고 정확한 판단으로 전략을 구사하고 구체적인 지침을 줄 수 있는 그룹이 필요하다는 것이다. 항우가 왜 유방에게 패했는가. 전문가 범증范增의 조언을 듣지 않았기 때문이다. 역으로 유방은 책사 장량張良이 도움으로 성공할 수 있었다. 당신 주변에 널린 정치 백수들은 정치선거 전문가라기보다 선거 브로커 수준에 불과하기에 대부분 고장난 자판기처럼 돈만 먹지 나오는 것은 빈 깡통뿐이다.

사실 정치인은 두 가지만 잘하면 된다. 하나는 돈 되는 일이고 또 하나는 표 되는 일이다. 자본주의 사회에서 최강의 군대는 육해공군이나 해병대가 아니라 돈이다. 러시아가 자국의 제대로 된 군대도 없이 전쟁이 가능한 것은 석유 팔고 가스 판 돈으로 용병을 살 수 있기 때문이다. 후보는 최강의 군대인 돈의 마련과 확보가 기본적인 준비 중의 준비라는 것을 기억해야 한다. 표 되는 일은 후보가 하는 것도 있지만 당과 지지자, 후원그룹 그리고 보이지 않는 손 등 사방팔방 모든 곳에서 아무 때나 다양한 활동과 다양한 노력과 다양한 시도가 이뤄진다.

04
승자의 선거 공식

선거는 말로 하는 전쟁이다

영화 황산벌을 보면 백제와 신라가 전쟁에 앞서서 서로에게 욕을 하는 장면이 나온다. 전라도와 경상도 충청도의 사투리를 섞어 쓰면서 서로에게 욕을 찰지게도 한다. 삼국지에서도 상대방 장군을 모욕하는 말과 욕설을 퍼부어 싸워보지도 못하고 적장을 피를 토하게 해서 죽이는 장면이 나온다. 옛날 전쟁에서만 그러한 것도 아니고 욕하고 말로 심리전 펴는 것은 지금도 마찬가지다. 실제 남북으로 나뉘어진 휴전선에서 대남방송 대북방송을 왜하는가. 심리전이고 상대의 기를 꺾는데 말만큼 좋은 수단도 찾기 어렵기 때문이다.

실제로 있었던 일의 예를 들어보자. 1997년 대통령선거 당시 TV토론 직전의 일이다. A후보의 열혈지지자가 B후보가 방송사에 입장하는 때를 맞춰 정면에서 입에 담지 못할 욕설 'XXX야 XX놈아'등을 사정없이 퍼부었다. 생전에 그런 욕은 처음 들어본 B 후보는 TV토론을 하는 동안에도 그 욕과 수모를 참지 못하고 상기된 얼굴과 흥분된 모습을 보였고 결국 토론을 망치고 만다. 특히 생방송으로 진행되는 토론회의 경우 말과 메시지message의 위력은 더욱 크다. 2012년 대선 때 민주노동당 이정희 후보가 박근혜후보에게 "당신 떨어뜨리려 출마했다"는 말 때문에 어떠한 결과를 맞았는가. 안철수 후보의 뜬금없는 "내가 MB아바타입니까?"라는 말은 두고두고 안철수를 웃음거리로 만들지 않았던가 말이다.

사람들이 기억하는 것은 정치인이 내뱉은 말 즉 메시지다. 권영길후보의 "국민 여러분 행복하십니까?"라는 반어법, 고인이 된 노회찬의원의 "불판을 갈아야 한다"는 주장, 노무현 대통령의 "아내를 버리란 말입니까?"라는 말들을 보면 정치 더욱이 선거판에서 정치적 메시지가 보여주는 위력은 대단하다. 정치는 말로 시작해서 말로 끝난다는 말을 이해할 만 할 것이다. 말이라는 게 이처럼 무서운 무기인 것이다.

그렇다면 후보는 어떤 말과 메시지를 통해 나의 진면목을 보여줄 것인가. 후보의 메시지는 공약이기도 하고 정책이기도 하기 때문에 신뢰를 바탕으로 이뤄진다. 약장수처럼 만병통치만을 이야기하는 후보는 후보 자격 조차 없다. 후보는 유권자들이 '왜 당신에게 표를 줘야 하나?' 하는 의구심에 답을 줘야 할 의무가 있다. 의문과 물음에 응답할 의무가 정치인의 존재 이유이다. 영어로 책임은 responsibility이다. respons는 응답이라는 뜻이고 bility는 '~할 수 있는'이라는 뜻으로 의무를 표현한다. 즉 책임이라는 말의 함의는 응답할 의무라는 거다. 정치인이 말을 가볍게 해서는 안되는 이유이고 국민의 질문과 의혹에 답을 해야 할 이유이기도 하다.

선거에 출마하면 표를 얻고자 별별 수단을 동원하지만 번지수를 잘못 찾는 경우가 태반이다. 대개의 경우 표를 구걸하듯 한다. 비참한 일이다. 왜 '내돈내출'(내돈내산을 차용함)하는 데 거치처럼 굴어야 하나. 첫째는 무식해서고 둘째는 못 배워서다. 그리고 셋째는 무식한 놈이 못 배운 것도 모자라 고집까지 센 탓이다. 역사의 발전에서 무식이 도움이 된 적은 한 번도 없다. 무식하다는 것은 아는 것이 없다는 뜻인데 무식한 자들의 공통된 비극은 자신이 알지 못한다는 것을 모른다는 데 있다.

그리고 안다고 한들 불완전한 지식에 대한 환상과 확신에서 벗어나지 못하는 데 있다. 무식은 늪과 같아서 움직일수록 계속 빨려 들어간다. '이 세상의 문제는 사람들이 아는 것이 거의 없다는 게 아니라, 많은 것을 엉터리로 알고 있다는 점이다.'라는 마크 트웨인의 말처럼 사람들은 부정확한 앎을 대단한 지혜로 생각하는 어리석음이 나이가 들수록 더해진다. 못 배웠다는 것은 제대로 가르쳐 준 사람이나 책을 읽지 않은 탓이다. 가르쳐주는 사람이 없을 수는 있지만 그래도 책까지 없었겠는가 생각해 보지만 그런 책 찾아서 읽을 만큼 성의 있는 후보를 나는 본 적이 없다.

선거즈음이면 나타나는 정당, 대학교, 언론사 등의 정치 아카데미를 들락거리면서 배웠을 선거의 지식들이 선거현장에서 어떤 도움이 되었는가를 생각해 보라. 값비싼 등록금에 그래도 인적 네트워크라도 구축했다는 자기만족이라도 있다면 성공한 경우겠지만 그것도 별로라면 도대체 그런 아카데미는 왜 운영하는지 알 수 없는 노릇이다.

모르고 못 배웠는데 고집까지 센 사람이지만 어찌어찌 후보까지 됐다면 천운이 있는 것이고 우연이라도 여기까지 읽게 되었다면 기적이 일어나고 있다는 증거니 구걸하지 않고 표를 얻는 법을 알려 주겠다. 먼저 유권자의 기대와 나의 기대를 같게 만들어야 한다. 나에게 표를 줄 유권자의 기대는 바꿔말하면 나의 당선이 유권자의 기대라는 말이다.

따라서 후보자의 메시지 전달 방식이 달라져야 한다. 즉 내가 원하는 것이 유권자가 원하는 것이면 메시지는 이렇게 바뀌어야 한다.
"저에게 표를 주십시오. 저는 승리하고 싶습니다."에서

"유권자 여러분! 여러분의 기대 여러분의 소망은 저 OOO의 승리입니다."로 말이다.

정치인 등 리더의 삶이 그러하듯 대중을 무시해서는 안 되겠지만 대중을 추종해서도 안 된다. 세상의 변화를 이끌겠다는 포부로 출마한 정치인이라면 대중을 유권자를 좇기만 하거나 대중에게 끌려다녀서는 좋은 결과를 낼 수 없다. 선거는 이끄는 게임이다. 선거는 인물보다 이슈로 향방이 갈린다. 따라서 따를 것인가 이끌 것인가 즉각 판단을 내리고 직관적인 판단을 통해 유권자의 삶과 자신의 욕망을 결합 시켜야 한다.

대중이 사랑하는 짧은 글귀 대중의 공감을 이끌어 내는 일은 쉬운일이 아니다. 최소한의 문장 속에 최대한의 감각을 담는 일은 감각적으로 타고났거나 훈련 된 사람이 아니고서는 거의 불가능한 일이다. 그렇다고해서 언제까지 길고도 긴 지루한 이야기로 대중과 멀어질 것인가. 이것을 가능하게 하려면 유권자들이 궁금해하고 알고 싶어 하는 기본적인 질문에 답하는 일부터 시작하는 것이다. 삶과 생활의 현장에서 나타나는 너무도 당연한 것을 의심해보고 다시 한번 뒤집어서 생각해 보는 연습을 부지런히 해야 한다.

이를테면 친환경적이며 교통약자를 위한 정책이라면서 만든 자전거 도로는 내가 사는 도시에서 어떻게 변질되어 있는지 살펴보면 답이 나온다. 인도에 떡하니 만들어 놓은 자전거 도로와 교통약자를 더욱 약자로 만들고 있는 각종 육교, 지하도, 장애인 불편시설 등을 찾아보면 사람이 아닌 자동차 중심의 도로로 운영되고 있음을 알 수 있다. 그것도 자동차 중심도 버스 등 대중교통중심의 체계가 아닌 자가용 중심으로 내가 사는 도시의 도로정책이 집행되고 있음을 발견했다면 어떻게 고쳐야 하는지 해답은 금방 찾아 낼 수 있다. 이처럼 당연한 모든 것을 의심해 보면 후보로서 할 일이 생기고 유권자에게 할 말도 생기게 된다.

 메시지를 더욱 강력하게 만드는 것은 사실보다 진실이다. 진실은 스토리가 있는 사실을 말하는 데 출마할 사람이라면 이야기를 만들고 이야기를 전파해서 이슈를 선점할 수 있어야 한다. 선거는 지독한 상대를 이겨야 하는 처절한 전쟁이다. 강아지도 자기 동네에서는 50프로 먹고 들어간다는 농담이 있다. 진리에 가까운 명제다. 나와 경쟁하는 후보를 나의 링으로 끌고 와서 싸워야 한다. 이슈와 의제를 선점하고 내 의제에 상대가 답하게 만들어야 한다. 누가 중요한 의제와 이슈를 잘 다룰 수 있는가를 유권자에게 보여주고 유권자가 듣고 싶어 하는 말을 나의 입으로 만들어야 한다. 정치에서는 말과 메시지만이 기억될 뿐이다. 따르는 자는 패한다. 이끄는 자만이 승자가 될 수 있다.

팀원과 자원은 승리의 견인차

혼자 가면 외롭지만 함께 가면 괴롭다. 혼자 가면 빠르지만 멀리 오래 갈 수 없다. 함께 가면 멀리 오래 갈 수 있지만 더디고 힘들다. 어쩔 것인가. 선거는 단거리 경기가 아니다. 최대는 수년에서부터 최소라고 해도 3~4개월은 걸리는 긴 호흡이 필요한 장거리 경기다. 따라서 반드시 선거에서 이기려면 조금 늦더라도 함께 가야 한다.

선거에서 혼자 할 수 있는 것은 소셜네트워크에 글을 쓰거나 사람들 만나거나 전화하는 것 정도다. 혼자서 아무리 뛰고 달려봐야 하루에 몇 명이나 만난단 말인가. 그래서 팀이 필요하고 선거라는 것이야 말로 정확하게 팀플레이를 해야만 이길 수 있는 게임인 거다.

선거의 법칙에는 1대 200의 법칙이라는 것이 있다. 한 명의 자원봉사자가 200명의 유권자를 상대한다는 얘기인데 유럽식 선거운동에서는 가능할지 몰라도 한국형은 아니다. 한국은 행정동 1곳당 남녀 각 1명씩과 동洞 책임자 1인을 포함 3명가량의 책임자나 자원봉사자가 필요하다. 그래야 현수막은 어디다 걸지, 투표소 참관은 누가 제격인지, 그 동네의 민원은 무엇인지, 유권자의 성향과 상대 진영의 움직임은 어떤지 등을 파악할 수 있다. 책임자는 당소속의 당원으로 정하고 남녀 1인은 자원봉사자로 선정하면 된다.

팀은 모든 산적한 자원을 모은다. 자원 가운데 가장 쓸모있는 것이 지인 등의 전화번호와 이메일 등의 데이터인데 선거 준비기와 초반에 모아둔 데이터가 선거 중후반에 힘을 발휘한다.

자원봉사자를 중심으로 운영되는 팀에 대한 관리는 이른바 사무국장, 캠프장, 참모장이라고 하는 후보의 대리인이 맞는 게 좋다. 그래야 언제라도 소통이 가능하고 즉각적인 처리와 실천도 가능하기 때문이다. 반드시 선거를 처음부터 끝까지 책임져본 유경험자를 앉혀야만 한다.

일을 시킬 때는 명확한 지침을 일관되게 내려야 한다. 대부분의 팀원은 자원봉사자인 만큼 항상 공손하게 일을 시키고 과할 정도로 챙긴다는 마음을 써야 한다. 가장 사소하고 친절한 행위가 가장 큰 의도보다 더 값진 경우가 많다. 나와 가까운 사람부터 챙기고 캠프에 찾아오는 자원봉사자가 늘어난다면 승리에 가까워진다. 선거판에서 사람이야말로 보이는 손이자 보이지 않는 손이기도 하다.

사람에게 집중이 가능한 이유는 목표가 있기 때문이다. 사람을 움직이는 것도 목표고 돈을 움직이는 것도 목표다. 선거에서의 목표는 당연히 선거 승리 즉 당선인데 전제조건은 상대보다 표를 많이 얻으면 된다. 문제는 계획을 어떻게 세우고 목표에 들어갈 자원 즉 돈을 어떻게 모을 것인가가 중요하다. 매우 중요하다. 돈 문제의 경우 다음 장 정치후원금 모금과 사용방법에서 자세히 다뤄지는 문제이니 만큼 원칙만 간략히 소개한다.

Fund의 경우 너무 적은 자금으로 시작하고 모금에 소홀하면 캠프의 신인도가 떨어지고 지지자의 결속이 저하된다. 이럴 경우 펀드를 하지 않으니만 못하다. 결국 상대 진영이나 유권자들에게 안되는 후보 당선가능성이 낮은 후보라는 소문이 만들어지면서 패배로 직행하게 되는 경우가 왕왕 나온다.   얼마나 많이 어떻게 모을 것인가를 정했으면 반드시 목표를 빠른 시간 안에 채워서 끝내야 한다.

예를 들어 펀드의 예상 모금액이 2억이었다면 시작할 때 이미 반은 확보를 하고 공개를 한 뒤 시작해야 한다는 뜻이다. 목표액의 절반이 한 시간 또는 하루 안에 채워지면 나머지 반은 금방 모아진다. 목표한 모금액이 얼마나 빠르게 모아졌는가에 따라서 당락이 결정된다고 해도 과언이 아니다. 작든 크든 목표를 이뤄본 캠프가 선거의 승리도 이뤄낼 수 있는 것이다.

|5장|

선거와
이미지 메이킹

사람은 자신이 보고 싶은 것만 보고 듣고 싶은 것만 듣는다. 이를 조금 더 세련되게 표현하면 사람은 자신이 아는 만큼 보고 아는 만큼 듣는다. 왜 그럴까? 거의 모든 사람은 자신이 경험한 것, 관심 있는 것, 아는 것 등에서만 반응을 한다.

평생 경험하지 못한 것, 난생처음 보는 것, 알지 못하는 것 등등의 것까지 보고 듣고 느끼며 반응하기에는 너무도 많은 에너지의 낭비를 초래하기 때문에 인간의 뇌는 자의적으로 볼 가치가 없거나 기억할 필요가 없는 것들을 없애거나 필터를 통해 걸러내 버린다. 이러한 이유로 사람들은 익숙한 것을 편한 것으로 여기고 자주 가는 길을 다니고 지겨울 것 같지만 즐겨 듣던 음악이나 즐겨 먹던 음식을 선택하게 되는 것이다.

이러한 이유로 선거에 출마한 사람들은 유권자들에게 선택받기 위해서 자신을 경험케 하고 알게 하고 익숙하게 만들게 해야한다. 선거와 투표라는 특정한 방식으로 자신의 의사와 지지를 드러내야 하는 유권자에게 후보는 인상 깊게 각인되고 효율적이고 강력한 방식으로 자신을 어필해야 한다. 하지만 늘 그렇듯이 출마자의 대부분은 준비와 시간이 부족하고 유권자와의 관계는 단절돼 있기 마련이다.

따라서 선거를 앞둔 후보자는 유권자에게 가장 빨리 가장 효과적이고 강력한 방법으로 자신을 드러내고 각인시켜 낼 방법을 찾게 되는데 그 방법을 이미지 메이킹 Image-making이라고 한다. 이 장에서는 이미지와 이미지 메이킹이 무엇이고 이를 통해서 후보자가 얻을 수 있는 것과 소홀하면 놓치는 것들에 대해서 알아보고, 선거 캠페인에서 이미지 메이킹이 차지하는 비중과 얼마나 많은 영향력을 발휘하는지 살펴보게 될 것이다.

01
이미지란 무엇인가

 24k 골드 즉 황금은 도금하지 않는다. 우리는 빛의 존재이고 반짝거리지만 모두가 황금인 것은 아니다. 각각의 색깔과 빛이 있고 향기도 다르다. 누구는 18k, 14k 누구는 플래티넘, 실버(은)와 같은 금속형의 빛나는 존재이고 누구는 다이아몬드나 사파이어같은 찬란한 보석과도 같은 존재이기도 하다. 진짜는 별로 치장을 하지 않는다고들 하지만 사람인 이상 남들보다 조금 더 돋보이기 위해 또는 더 빛나기 위해서 때론 도금이라도 하면서까지 자신의 본색을 드러내고자 한다. 마치 순수한 물(H2O)이야말로 실험실에 증류수로만 있을 뿐 현실에는 존재하지 않은 이유처럼 말이다.

 출마군이나 후보들을 보면 단지 색깔만 그럴듯한 경우처럼 처음부터 자격 미달의 경우도 왕왕 있고, 알고보니 찐인 경우도 많다. 물론 우리 모두는 인간이라는 실존 그 자체만으로 귀중한 존재이고 대체 불가한 유일한 존재인 것은 사실이지만 선거에 나선 이상 평가받는 대상이 될 수밖에 없는데 이는 너무나 당연한 통과 의례일 뿐이다. 정말로 평가받기 싫고 선택받기 싫다면 출마하지 않으면 된다.

그러나 작심하고 출마했다면 대중과 유권자에게 당당하게 평가받고 선택받기 위한 노력을 해야만 한다. 그 과정이 비록 온갖 수모와 모멸을 참고 이겨내야 하며 더럽고 치졸한 경쟁의 과정을 겪어야만 하는 괴롭고 어려운 길일지라도 말이다.

경쟁과 선택밖에 통용되지 않는 선거라는 전쟁의 한 복판에서 살아남기 위해서는 자신다움의 빛깔과 향기를 보여줘야 하는데 이것을 바로 한마디로 '이미지'라고 표현할 수 있다. 자신이 소속한 당과 노선, 자신이 처지와 입장(학연, 지연, 혈연 등 환경과 배경), 삶의 지향과 정치적 비전 등 자기 자신의 모든 것을 가장 짧은 시간에 대중에게 드러내는 것이 '이미지'다. 찰나(75분의 1초)의 시간, 별의 순간이라는 그 오묘한 시점 즉 단 한 순간에 자신을 보여주고 대중의 마음을 사로잡는 조건 그것이 바로 이미지인 것이다.

02
이미지는 어떻게 만들어지는가

　짧은 시간에 대중에게 자신을 드러내고 대중을 마음을 얻어 내는 것이 이미지다. 이미지는 무엇으로 구성되는가. 김춘수의 '꽃'이라는 시에 "그가 나의 이름을 불러주었을 때 나는 꽃이 되었다."라는 구절이 나온다. 나라는 사람은 대중이 바라봐주고 불러주기 전까지는 '그저 하나의 몸짓'에 불과했지만 대중들이 유권자가 나를 인정해주고 선택해주었을 때 비로소 후보가 될 수 있다는 뜻이다.

　즉 자신의 이미지는 수많은 시도와 도전을 통해 이뤄낸 자신 만의 이름 다시 말해 대표적인 브랜드를 만들 수 있다. 실제로 선거에서 자신을 상징해서 무엇으로 불릴 것인가를 판단하는 서브 타이틀이자 닉네임이 만들어지는 것이다.

　예를 들어 현수막이나 어깨띠, 명함이나 선거 공보 등에 자신을 피력하기 위해 슬로건을 만들고 타이틀을 붙인다. '행복 전문가 홍길동, 마을 터줏대감 임꺽정, 살림꾼 장길산, 경제민주화의 기수 이재용'등은 자신의 장점을 잘 이미지화해서 만든 것이다.

그런데 이러한 것들은 하루아침에 만들어지는 게 아니다. 숱한 시간과 노력의 결과 즉 피와 땀 그리고 좌절과 실패를 딛고 이뤄낸 성취와 성과의 결과로서 만들어지게 된다. 어떠한 브랜드도 거저 주어지지 않는다. 자신만의 전매특허가 무엇인지 살펴보고 자신만의 상표를 통해 자신이 진정한 능력자임을 드러내야 하기 때문이다.

공직선거에 출마해서 후보가 되기까지 수많은 난관을 통과해야 한다. 누구나의 삶이 다 그러하듯 아무리 평범한 사람의 삶일지라도 돌이켜 보면 한편의 감동적인 영화나 소설 못지 않을 것이다. 더욱이 출마를 결심하고 후보자가 되는 과정까지 거의 모든 과정은 드라마틱하고 어제는 꽃길이었다가 또 오늘은 가시밭길이었다가 하면서 곡절도 많았을 것이다. 흔들리면서 피는 꽃처럼 이리저리 고민도 많았을 것이고 장석주의 시 '대추 한 알' 처럼 저절로 붉어질 리가 없었을 것이다.

그럼에도 불구하고 꿋꿋하고 일관되게 자신의 살아온 삶의 궤적을 통해 만들어 낸 스토리는 국민과 유권자에게 감동을 주기에 충분할 것이다. 유권자들은 공감 능력을 갖추고 있어 후보가 살아온 삶의 궤적과 스토리를 소화시켜 자신의 지지가 헛되지 않음을 확인한다. 그리고 후보의 삶에 자신의 삶을 투사하거나 반추하면서 지지의 근거를 찾기도 한다.

또한 자신이 지지하는 후보가 소속한 정당이나 정파, 그리고 근무했던 기업이나 속했던 단체 등을 통해 후보의 정체성을 확인한다. 정체성은 후보에 대한 신뢰의 기반이 되기 때문에 매우 중요한 후보의 선택지 가운데 하나인데 정체성이 확실해지면 후보에 대한 믿음도 굳건해진다.

더욱이 후보가 살아온 시대와 여건 등이 자신이 경험한 인생과 비슷하다면 그 후보에 대한 지지는 더욱 강력해진다. 후보가 합당한 이유 없이 철새처럼 행동했다든지 이익에 따라 이당저당 기웃거렸다든지 하는 경우에는 후보에 대한 정체성의 혼란을 넘어 신뢰할 수 없는 후보라고 판단한다.

따라서 출마해서 후보가 되어 공직에 진출하고자 하는 사람들은 되도록 당을 정할 때 신중하게 정하고 한번 정한 뒤에는 가능하다면 당을 옮기는 행위는 하지 않는 것이 바람직하다. 만약 그렇지 않고 당적 변경을 자주 한 경우라면 많은 시간과 정력을 들여 설명해야 하는 숙제가 주어질 것인데 이는 바삐 가는 선거운동 과정에서 크나큰 낭비적인 일이 아닐 수 없다.

03
이미지 메이킹은 왜 필요한가

유권자가 후보를 선택하는 기준은 크게 세 가지다. 첫째, 어떤 후보가 지닌 주관적이고 객관적인 이미지 둘째, 어떤 후보가 정치영역과 삶을 통해 이뤄낸 성과와 업적 셋째, 어떤 후보가 과거와 현재를 넘어 우리나라와 사회의 미래에 대한 비전을 제시할 것인가에 관한 것이다. 이렇듯 대중의 판단과 유권자의 선택지에서 가장 비중이 큰 것이 이미지인데 이러한 이미지 메이킹에 대한 노하우와 대응이 부족하다면 대중으로부터 외면당할 수밖에 없는 처지에 놓이게 된다.

또한 이미지를 통한 후보의 선택이야말로 거의 직관적이다. 때문에 자신만의 이미지 메이킹에 대해 만전의 노력을 기울여야 하는 것이야말로 후보와 캠프가 해야 할 매우 중요한 포인트가 아닐 수 없다.

실례를 들어 설명해보자. 우리나라 유권자와 국민이 역대 대통령들에 대한 평가를 한다고 할 때 가장 크게 참고하는 것이 무엇일까? 먼저 역대 대통령으로서 그 사람이 재임기간 동안 이룩

한 업적이나 성과보다 그가 살아온 삶의 궤적이다. 즉 스토리 라인story line에서 나타나는 정체성을 이미지화 해서 그 사람을 평가하고 판단한다.

　비교적 우리 역사에서 후하게 평가받는 박정희 대통령, 김대중 대통령, 노무현 대통령 등은 국민과 유권자 개개인의 가치관과 판단이 다들 다르겠지만, 박정희는 산업화, 김대중은 민주화, 노무현은 분권화 등 저마다의 공감 또는 감동지수에 따라 평가가 달라진다. 재임시절 국민들에게 비춰졌던 그들의 삶의 모습 자체가 이미지로 투사되어 누구는 서민적인 모습, 누구는 추진력 있는 모습, 누구는 능력 있는 모습으로 각인되고 평가받는 것이다.

　그리고 그 사람의 업적과 성취이다. 박정희는 보릿고개를 극복하고 이뤄낸 산업화와 경제성장, 노태우는 주택 200만호 건설과 88올림픽 개최, 김영삼과 김대중은 민주화와 IMF극복 등을 떠올린다. 거의 모든 정치인 특히 전직 대통령들에 대한 사후평가는 좋지 않은데 이념과 진영이라는 서슬퍼런 칼날이 아직도 가파르게 대립하고 있기 때문일 것이다. 시간이 좀 더 흐르고 보다 객관적으로 공과功過에 대한 평가를 내린다면 대략 '공칠과삼(중국의 등소평이 모택동에 대한 평가를 공이 70%이고 과오가 30%라고 한데서 기인함)' 정도는 아닐까 생각해 보기도 한다.

끝으로 미래비전을 제시하는 후보에게 유권자는 투표한다. 대중은 이성적이거나 합리적으로 보이지만 사실 마음이 가는 후보는 감성과 영혼을 움직이는 후보다. 다수의 인간은 과거를 파먹고 산다. 파먹을 과거가 다 떨어지면 그들은 있었는지도 모를 전생까지 파먹고 살거나 꿈속에 취해서 산다. 하지만 승리하는 인간 당선될 사람은 미래에 대한 동경과 비전에 대한 확실한 계획을 대중에게 제시하여 표를 얻는다. 물론 회고적인 투표 즉 정권 심판 등 속칭 혼쭐내는 투표의 경우 누군가 그리고 어느 정당을 단죄하기 위한 속성의 투표행태도 간혼 나타나기도 하지만 일회적이고 지속성이 없다.

이기는 선거 승리하는 후보가 되기 위해서는 똑같은 태양이 동쪽에서 떠오른다고 말하는 게 아니라 내일의 태양은 우리의 가슴에서 떠오른다고 말할 수 있어야 한다. 늘 귀가 아닌 이성이 아닌 가슴과 감정에 호소하는 후보가 이기는 것이다. 내일은 내일의 태양이 떠오르지만 어떻게 표현하는가에 따라 그때 그때의 태양은 다르게 나타나는 법이다.

정치판에 있다보면 별별 사람들이 다 있고 별별 사람들의 말의 다 들어줘야 한다. 누구는 전두환이 정치를 잘했다고 하기도 하고 누구는 이승만이 국부라고도 하지만 국민적 동의를 얻기는 쉽지 않다. 이 두 분의 전직 대통령의 경우 과가 공보다 훨씬 크다고 보는 게 국민 대중의 보편적인 시각이기 때문이다. 물론 개인 개인마다 정치철학이나 역사관이 다름을 인정한다고 할지라도 공당의 후보로 출마한다는 것을 가정할 경우 자신이 소속된 정당의 강령과 정책에서 이승만과 전두환 두 분의 대통령을 어떻게 평가하는지 그러한 기준에 맞춰서 자신의 논리를 펴거나 신념을 주장해야 할 것이다.

출마한 이유야 저마다 다 다르겠지만 우리의 목표는 한가지 당선 선거에서의 승리다. 유권자 대중의 표를 상대보다 한 표라도 더 획득해야 이길 수 있다. 우리는 표를 얻고 당선되기 위해서 경쟁자보다 매력적이고 능력 있는 후보로 보이기 위해 노력한다. 이는 마치 연애라도 하는 것처럼 지난한 과정과 온갖 어려움을 극복해내야 가능한 일이다. 하늘 아래 쉬운 연애라는 것이 있기나 하던가? 특히 처음 하는 연애나 첫사랑은 대부분 짝사랑의 단계를 넘어 보지도 못하고 실패하지 않았던가?

이처럼 연애가 쉽지 않은 것처럼 특히 첫사랑과 성공한 예가 드문 것처럼 처음 출마한 사람은 더욱 어렵고 현역이나 벽보를 붙여본 기성 정치인의 경우 역시 어렵기는 마찬가지다. 예나 지금이나 사람의 마음을 얻는 것은 매우 어려운 일이다. 하지만 어쩌랴! 출마한 이상 도전해야 하고 선택받기를 기다릴 수밖에 없는 것이 후보자의 운명이니 기꺼이 감내해야 한다.

04
이미지는 유권자에게 어떤 영향을 주는가

　사람은 첫인상으로 많은 것을 판단한다. 마음에 든다든지 생김새가 어떻다느니 성격이 어떻다느니 인성(인성은 인간성의 고상한 표현이다)이 좋겠다느니 하면서 양자컴퓨터나 빛보다 빠른 속도로 대상을 규정한다. 첫인상으로 대상을 판단하는데 드는 시간은 0.3초에서 3초라는 아주 짧은 순간인데 이토록 어떻게 그 많은 것들을 판단하거나 기억할 수 있다는 말인가. 늘 인간의 거의 무한한 능력에 찬탄하지만, 사피엔스로 수만 년간 살아오면서 DNA를 통해 유전된 탁월한 능력이 지금까지 직관과 무의식의 영역에서 남아서 작용하고 있기 때문이다.

　아무리 짧은 시간일지라도 대중과 유권자 앞에 후보자가 노출되는 순간 후보자는 이러저러한 사람이라는 것이 곧장 기억되고 인상에 남기 때문에 첫인상과 그에 대한 자신의 이미지메이킹이 중요해진다. 대중과 유권자의 주관적인 판단이 옳든 그르든 상관없이 후보는 그들에게 이러저러한 사람으로 기억된다는 얘기다. 객관적이거나 정량적인 성별, 외모, 키, 몸무게, 헤어나 패션

스타일 등만이 아니라 성격, 인성 등까지도 읽혀지는 것이다.

애플의 창업자이자 ICT산업의 기린아였던 스티브 잡스는 "소비자는 자신이 원하는 것이 무엇인지 모른다."라고 소비자들의 니즈needs에 대해 일갈한 바 있다. 마치 "내 마음 나도 몰라"라는 말과도 같다. 많은 사람들이 그러한데 자기마음은 자기도 잘 모르는 경우가 허다하다. 그래서 결정장애니 선택장애니 한다. 그래서 자주 검색했던 구글이나 페북, 유튜브와 포털이 자신의 취향을 선택해 주기도 한다. 그러면 소비자는 그제서야 "아! 그러고 보니 제가 원했던 게 이거 였어요."라고 말할 뿐이다.

선거 역시 그러하다. 예를 들어 선거 기간 내내 진행되는 여론 조사를 보면 뻔한 질문에 뻔한 대답이다. 명분뿐인 대답에 모범 답안만 좀비처럼 떠돌아 다닌다. 그러니 정치산업에 뛰어든 각종 컨설턴트들과 여론조사 업체들이 자신의 입맛에 맞게 아니 후보의 구미에 딱 맞게 여론을 분석해주고 만들어 내는가 말이다. 트랜드를 분석하고 빅데이터를 이용해서 말이다. 유권자도 모르는 유권자의 니즈를 후보는 알아야 하고 그래야 선거에서 이길 수 있다.

이러한 이유로 '처음'처럼 중요한 것은 없다. 아무리 오래된 기억을 살펴봐도 그러한데 '첫사랑'이나 '첫 만남'등은 여전히 생생하게 우리의 뇌리에 남아 있지 않은가. 따라서 우리가 대중과 유권자 앞에 나서는 첫 장면에 대해 얼마나 많은 노력을 기울여야 하는지를 알 수 있다. 첫인상과 첫 장면 등 처음의 모습을 통해 유권자가 결국 후보자 당신을 선택하게 하는 거의 결정적인 계기이자 순간임을 잊어서는 안된다.

선거는 1등만 기억하는 더러운 세상에서의 경쟁이고 2등으로 이룰 수 있는 것이 거의 없는 게임이다. 그런데 제로섬이자 승자 독식의 선거라는 게임은 보이는 것과 보이지 않는 것의 싸움이다. 보이는 것은 외모나 학력, 경력이라는 스팩이나 기능들로서 가늠이 가능한 것들이다. 보이지 않는 것은 스토리나 진정성 등 마음이나 공감 능력 등 정성적인 방법으로나 알아차릴 수 있는 것들로 카운트되거나 가늠하기가 어렵다.

이러한 싸움에서 승자는 누구일까. 얼핏 짧게 보면 보이는 것이 화려한 후보가 유리해 보이지만, 긴 호흡으로 길게 보면 결국에는 보이지 않는 가치와 진정성을 갖춘 후보가 이기게 된다. 왜냐하면 사람의 됨됨이를 파악하고 판단하는 인간의 탁월한 능력 가운데 하나인 직관력과 무의식적인 통찰력 등은 사회 구성원들의 집단지성과 함께 결합해서 투표라는 행위로 나타나기 때문이다.

따라서 후보는 마음으로는 보이지만 보이지 않는 가치를 명확히 전달해서 결국 나를 선택하게 하는 노력을 기울여야 한다. 이러한 후보가 선택받고 대중에게 매력 있는 후보로 기억된다. 이러한 '끌림'의 이미지를 만들기 위해 준비해야 하는 것들은 본인의 스타일, 말과 목소리, 제스처와 행동 그리고 무엇보다 자세와 태도인데 이러한 것들은 짧은 시간 안에 개선되기는 어렵지만 노력하면 된다. 할 수 있다는 자신감으로 계속 시도하고 주의를 기울여서 고쳐보다 보면 언젠가는 변해 있는 새로운 자신을 발견할 수 있을 것이다.

05
이미지메이킹 트레이닝 방법

(1) 가장 강력한 이미지는 말과 목소리

말에 대해

국민과 유권자가 기억하는 정치의 장면은 정치인의 말과 목소리다. 정치적 행위의 압도적인 비중과 장면은 정치인의 입을 통해 나오는 말에 의해 이뤄진다. 하이데거가 이야기 한 것처럼 "언어는 사유의 집이고, 말은 그사람 자체"이기 때문에 정치인의 말은 그만큼 중요하다. 이를 좀 더 고급지게 표현하면 메신저의 메시지에 유권자는 자신의 귀와 마음을 연다. 정치인의 말은 그래서 중요하다.

정치인이든 일반 사람이든 말은 늘 생각하고 나서 하는 것이 중요한데 우리는 말하는 연습을 따로 해본 경험이 없다. 그래서 일반 사람들은 말이라는 것이 그냥 입에서 나오는 것인 줄 알지만, 생각 없이 쏟아 내거나 내뱉은 말들은 그냥 아무런 의미를 부여하기 어려운 쓸데없는 소음이거나 지껄이는 수준일 뿐이다. 생각 없이 쏟아낸 말들은 당장에 배설의 시원함을 느낄 수는 있겠지만 살아온 환경에 따라 비속어가 튀어나오거나 의도치 않은 막말을 남발하는 등 말을 하지 않은 것만 못한 경우가 태반이므로 주의해야 한다.

따라서 후보나 정치인들은 말을 할 때 늘 카메라가 있거나 기자가 받아 적고 있다는 전제를 두고 말을 해야 한다. 그래야 함부로 이야기를 하지 않고 말도 조리 있고 절제 있게 하게 된다. 거듭 강조하거니와 말은 물처럼 한번 쏟아 버리면 담아낼 수 없기에 더욱 조심스럽게 해야 한다.

그렇다면 말은 어떻게 하는 것이 좋은가.

출마자가 일반적으로 인터뷰를 하거나 대중들과 대화를 나눌 때는 목소리의 톤은 가급적이면 조금 낮게 그리고 말의 내용은 듣기 좋게 해야 한다. '듣기 좋게'라는 말은 상대를 기쁘게 하라는 것이다. 젊었던 시절 첫사랑을 떠올리면서 또는 연애할 때처럼 상대가 듣고 싶은 얘기를 주로 하라는 것이다. 청자를 지겹거나 지치지 않게 하면서 지속적으로 해야 한다. 칭찬하고 또 칭찬하다 보면 친해지고 친해지면 나한테 표를 던지게 된다. 칭찬할 게 없으면 긍정적이고 듣기 좋은 말이라도 해야 한다. "날씨가 좋다. 경치가 좋다. 애완견이 이쁘다." 등이 그러한 예다.

또한 말의 형식은 단문으로 짧게 하고 말 자체를 적게 하는 것이 좋다. 아무리 말을 잘하는 사람도 문장이 길어지고 하나의 문장에 명사가 여러 개 들어가면 실수를 하게 마련이다. 말과 문장이 길어지면 말을 해석하고 이해하기 위해서 듣는 유권자는 괴롭다. 정치하겠다는 사람은 입만 열면 대중을 존경하고 사랑한다고 하면서 잘살고 편하게 해주겠다는 사람인데 입을 열어 말을 하면서조차 대중을 괴롭혀서야 되겠는가.

정치를 잘하려면 '근자열 원자래近者悅 遠者來'(가까이 있는 사람을 기쁘게 해야 멀리있는 사람이 찾아온다)는 말을 이해하고 실천해야 한다. 2500년 전 공자가 얘기한 이 말은 현대 정치에서도 여전히 유효하다. 가까운 사람 즉 자신의 측근이랄 수 있는 사무국장 등 캠프의 성원부터 기쁘게 해야 멀리 있는 사람 즉 지지자들이 나를 도우러 오는 것이다. 후보는 가장 가까운 곳에 있는 참모나 동지에게 인색함을 보여서는 안된다. 가장 가까운 사람에서부터 소문의 동심원이 만들어지고 사이가 틀어지기도 하기 때문이다.

또한 유세를 할 때에는 말을 약간 빠르게 하고 형식은 간단하게 하되 맥락과 내용은 유권자의 감성에 호소해야 한다. 사람의 선택은 영성, 감성, 이성의 요소에서 나오는데 감성적 호소가 가장 소구력이 있기 때문이다.
후보는 듣는 사람의 귀에 대고 말한다고 생각하지 말고, 듣는 이의 가슴에 대고 말하겠다는 감성과 진정성으로 접근해야 한다. 그래서 후보는 언제나 "(상대 후보)너는 머리를 두드려라! 나는 가슴을 때릴 테다." 하는 자세로 연설과 말을 해야 한다.

목소리에 대해

말이 이토록 중요하다면 목소리는 어떠해야 하는가. 2017년 대통령선거 때 안철수 후보가 목소리를 이상 야릇(?)하게 바꿔서 많은 웃음을 준 적이 있다. 안철수 후보는 목소리를 바꾸고 느닷없고 뜬금 없이 "누구입니꽈~~?"를 외쳤는데 잠깐 유행어가 되기도 했으나 비호감만 키워준 대표적인 이미지메이킹의 오류이자 역대급 참사라고 할만하다.

성격이나 체질처럼 타고난 후보 본인의 목소리를 탓할 수는 없다. 누구는 목에서 쇳소리가 나기도 하고 누구는 맑고 아름다운 음색을 지니고 태어나기도 한다. 지역적으로 사투리가 강한 곳에서 자란 사람은 목소리와 억양 그리고 말투에 사투리가 묻어 나오기도 한다.

하지만 끌리게 하는 매력을 가진 후보가 되려면 뚜렷한 목적의식으로 자신만의 목소리와 호소력 있는 톤을 만들어야 하며 노력을 통해 가능하게 할 수 있다. 마구잡이식 억지로 하는 것이 아닌 자연스럽게 고쳐 나가고 개선하다 보면 발음도 좋아지고 톤도 안정화 되며 한결 듣기에 편한 목소리를 갖게 된다.

말과 목소리가 가장 중요한 직업군은 아나운서나 배우 가수 등 연예인 등일 텐데 이들의 목소리도 노력의 결과이지 타고나는 것이 아니기 때문이다. 시중에 나와 있는 책에도 말과 목소리를 다룬 것이 많으니 참고할 수 있다.

그렇다면 대중에게 매력 있게 호소할 수 있는 목소리는 어떻게 만들어지고 어떤 톤으로 말을 해야 할까. 먼저 대중적 호소력을 발휘하기 위해서는 약간 중저음의 톤으로 목소리를 유지하는 것이 좋다. 대중은 중저음의 목소리에서 권위와 진정성을 느끼기 때문이다.

이를 위해 매일 아침 샤워를 하면서 목 스트레칭과 배에 힘을 주고 하는 꾸준한 발성 연습 등을 통해 목을 풀어주고, 자동차로 이동중이거나 작은 틈이라도 나면 거울을 보면서 입 모양을 만들어 보고, 짧은 단문의 연설문을 읽거나 시를 읊는 등 발음을 정확하게 하는 연습을 해야 한다.

그리고 목 건강과 맑고 밝은 목소리를 유지하기 위해서는 목에 자극을 줄 수 있는 술과 담배 등은 선거 유세 기간만이라도 자제를 하면 좋다. 또한 경음화 되거나 격음화되는 사투리는 자제하는 게 득표에 도움이 된다.

유권자의 마음을 흔들고 흔든 마음을 내게로 오게 하는 길은 자신 있고 당당한 목소리에 있음을 기억하라. 영화 '그놈 목소리'처럼 사람들 유권자들은 후보의 목소리를 기억한다. 나의 말과 목소리가 유권자의 가슴에 울림으로 다가갈 수 있도록 '노오력'을 해야 한다.

(2) 표정과 제스처도 중요한 이미지다

표정에 대해 (웃는 얼굴 만들기)

후보의 자세는 반듯하고 태도는 당당해야 한다. 비록 지금은 후보이지만 자세와 태도만큼은 이미 당선된 사람처럼 말하고 행동해야 한다. 딱 보아 안될 듯 한 사람에게 표를 주는 유권자는 없다. 때문에 겸손하되 억지스럽지 않아야 하며 그것을 뒷받침해줄 표정과 제스처까지도 자연스럽고 당당해야 한다.

하지만 어지간한 사람들은 표정에서 자신의 기분이 드러난다. 때문에 사람들은 표정만 보고도 그 사람의 현재의 상황과 상태를 대략 판단한다.한 사람의 기분이나 컨디션, 그가 번뇌와 고민이 많은지 아니면 기쁘고 즐거운지 아니면 평화롭고 안정적인지 아니면 흥분하거나 들뜬 상태인지 말이 아닌 표정과 간단한 몇 가지의 행동만 보고도 그 사람의 정서와 마음을 알 수 있다.

사람의 언어 전달력은 25% 가량이다. 나머지 75%는 비언어적인 표정과 몸짓 등 바디랭귀지를 통해 드러난다. 그만큼 비언어적 요소가 중요하다는 것이다. 일례로 전화로 충분히 이야기를 나눴다고 생각했는데 정작 대면해서 얘기를 나눠보면 상당

부분 서로 다르게 이해했다는 것을 알 수 있다. 그만큼 언어가 가지고 있는 한계는 분명하다. 언어 이상의 표현 방법이라고 할 수 있는 능력인 표정과 바디랭귀지 등에 대해서 살펴보자.

가장 중요한 비언어적 표현은 얼굴에서 나타나는 표정이다. 우리 속담에 "웃는 얼굴에 침 못 뱉는다."는 말이 있다. 그만큼 웃는 표정이 중요하다는 얘기이자 이를 확장해보면 웃어야 복이 오고 웃는 얼굴에 표가 붙을 수 있다는 것이다.

그런데 생각해 보면 거울이 먼저 웃지 않는다. 마찬가지로 후보자 자신이 먼저 대중을 만날때나 다른 어떤 상황에서도 즐겁고 기쁜 마음을 갖는다면 저절로 웃는 표정이 만들어 진다.중요한 것은 습관이다. 억지로 웃는 것은 표가 난다. 자연스럽게 보이려면 훈련! 훈련밖에없다.

얼굴의 근육 가운데 입 주위의 근육이 가장 많다. 이를 자연스럽게 만들기 위한 연습을 꾸준히 해야 한다. 마치 목소리를 만들 듯 아침에 일어나자마자 거울을 보고 기쁜 생각(당선됐다는 생각, 자식이 태어났을 때나 연애할 때 등 자신이 가장 행복했을 때를 떠올려 보면 된다.)을 하면서 연습을 하면 자연스럽게 기쁜 표정 웃는 얼굴을 만들 수 있다.

흔히 입꼬리는 올라가고 눈꼬리는 내려오는 그 표정을 아르카이크 스마일(Archaic Smile)이라고 하는데 이 역시 주어지기

보다 만들어지는 것이다. 얼마나 많이 웃고 즐겁게 생활했느냐에 따라 그 사람의 얼굴이 만들어지는 것이다. 링컨이 얘기했다는 마흔이 넘은 자신의 얼굴은 자신이 책임져야 한다고 한 것처럼 타고난 자신의 표정일지라도 나이 40이 넘었다면 과감하게 친밀도와 신비감을 높이는 표정으로 만들 필요가 있다.

핵심은 말이 아닌 실천이다.

입술은 살짝 올라가고 눈꼬리는 아래로 살짝 내려오는 모습이라는 것을 늘 떠올려야 한다.매일 아침 거울을 보고 연습하는데 '개구리 뒷다리'를 10초씩 1주일만 해도 효과를 볼 수 있다. 그래도 잘 되지 않으면 엄지와 집게 손가락을 활용해서 엄지손가락으로는 입술을 올리고 집게 손가락으로는 눈꼬리를 내리면서 한다. 그래도 안되면 볼펜을 옆으로 물고서 웃는 연습을 해본다. 딱 열흘만 해보면 안다. 이렇게 만들어진 표정을 늘 짓고 다니는 것이 중요한 데 약간만 입술을 벌리되 잇몸은 드러내지 않고 하얀 이만 살짝 보일 듯하게 만든다.

제스처에 대해

비언어적 요소 가운데 표정이나 말투 다음으로 중요한 것은 몸짓이다. 흔히 바디랭귀지라는것인데 동서고금을 떠나 특정한 종교적 문화적 차이를 제외하면 여전히 가장 강력한 소통 수단으로서 제스처는 가장 강력한 무기이다.

물론 바디랭귀지가 최대 최선의 효과를 발휘하기 위해서는 말과 함께 동시에 이뤄져야 한다. 그래야 자신을 드러내려는 바를 자연스럽게 나타낼 수 있고 대화와 소통의 수준과 깊이를 더해주고 상황과 분위기에 맞는 공감과 반감을 제대로 표현할 수 있게 해준다.

대화상대를 위해 고개만 끄덕여주어도 상대는 자신의 얘기를 들어주는 것에 대해 고마워한다. 단지 고개만 끄덕였을 뿐인데 호감가고 매력있는 정치인이 될 수 있다는 것이다. 이밖에 긍정적인 몸짓 손짓 등을 통해 자신의 입장과 자신의 주장을 표현할 있다.

다만 제스처에서 가장 주의하고 조심해야 할 게 하나 있는데 그것은 손동작에 있다. 주먹을 쥐든 손바닥 또는 손등을 쓰든 눈짓이나 고개를 젓든 상황과 처지에 맞게 하면 그만이지만 정치인이나 후보자가 절대하면 안되는 동작이 하나 있는데 그것은 '손가락 총질'이라고 불리는 손가락질이다.

보통 두 번째 집게(검지) 손가락을 펴서 사람이나 사물을 가리키는 데 이는 절대해서는 안된다. 왜냐하면 한 손가락으로 무엇을 지칭하거나 상대를 가리키는 행위는 상대를 무시하는 표현이기 때문에 손가락의 대상이 된 상대는 매우 불쾌해 한다. 비록 상대당 후보이거나 경쟁자일지라도 손가락질을 해서는 안된다.

자신의 인격이나 매너의 수준이 이 정도밖에 되지 않음을 보여 줄 뿐이다. 이는 정치계의 거의 불문율이니 명심해야 한다.

다만 혹여라도 상황이 어쩔 수 없거나 정말로 상대나 누군가를 가리켜야만 한다면 한 손 전체 다섯손가락을 펴서 손바닥 전체를 드러내고 지칭해야 한다. 생각 없이 우리가 무심코 가리킨 손가락 총에 대중들은 아연실색한다. 빈총에 맞아도 아픈 법이다. 상대의 손가락이 자신을 향한다면 기분이 좋겠는가. 마찬가지다. 따라서 역지사지로 상대에게도 절대로 해서는 안 된다.

(3) 악수하는 법

선거운동이나 정치를 하면서 가장 많이 하는 행동이 하나 있다면 손과 손을 맞잡는 악수일것이다. 악수는 후보와 유권자와의 가장 기초적인 예의이자 스킨십이다.

우리는 방송이나 매체를 통해 기성 정치인들이 유권자들과 악수하는 장면을 숱하게 봐왔다. 그래서 악수에 대해서는 배우지 않아도 할 수 있는 단순한 것으로 이해하는데 사실은 그렇지 않다. 가장 쉬운 행위에서부터 기본이 잘 갖춰져야 제대로 된 정치와 실수하지 않는 선거 캠페인을 할 수 있다.

예를 들어보자. 악수하면서 나의 눈은 어디를 응시해야 하나? 자신보다 연배의 나이 든 사람에게 먼저 손을 내민다면 상대는 어떻게 생각할 것인가? 아니면 자신보다 한참이나 어린 사람의 손을 유권자라는 이유만으로 두 손으로 잡는 행위는 어떻게 보여질 것인가? 또는 내성적이거나 수줍어하는 여성 유권자의 손을 덥석 잡는 행위는 맞는 것인가? 시장에서 좌판을하는 할머니의 손은 어떻게 잡을 것인가? 한 손으로는 명함을 주고 한 손으로는 악수를 할때는 어떻게 해야 하는가? 연설할 때는? 다중이 많이 운집한 곳에서는 어떤 악수가 효과적인가? 등등 처지와 조건에 따라 악수의 방법과 내용은 달라질 수밖에 없다.

따라서 악수를 하는 상대와 그때 그때의 상황과 분위기에 따라서 악수는 달라지고 다르게 해야만 상황과 예의에 맞게 된다. 원래 악수는 서로의 오른쪽 한 손으로 하면서 서로의 눈을 응시하고 가벼운 인사나 덕담을 나누는 것이 원칙이자 매너다.

그래서 통상적이고 일반적인 악수는 한 손으로 하면 되지만, 보다 더 친밀감을 표하기 위해서 그리고 자신보다 나이가 젊은 유권자와 악수를 할 경우 상대의 손목이나 팔꿈치를 다른 손으로 가볍게 터치해주는 것도 하나의 방법이다.

유권자의 손을 두 손으로 잡아주는 경우는 재래시장 등 장터 순방, 경로당 노인회관 등 어르신들이 계신 곳에서만 하는데 이때도 너무 꽉 잡지 말고 두 손에 적당한 힘을 주어 온기를 느낄 정도로 손을 잡아준다. 후보자의 손은 항상 따뜻하게 해야 한다. 특히 겨울에 조심해야하는데 이때 호주머니에 핫팩을 넣고 다니면서 손을 데워줘야 한다.

또한 잡은 손을 놓을 때까지 계속해서 상대방의 눈을 응시해야 한다. 여러 명과 동시에 악수할 경우 악수할 상대의 손을 놓기 전부터 다음 악수할 차례의 사람을 바라보는 것은 실례라는 것이다. 즉 손을 놓기 전에 고개를 먼저 돌리지 말라는 것이다.

다중과 악수할 경우에는 손만 살짝 터치하다는 수준으로 하되 반드시 아이컨택-상대방과 눈을 마주치는 것-을 통해 서로의 공감은 나눠야 한다. 그리고 자신보다 어리거나 아랫사람에게 친밀감을 높이는 악수법은 오른손으로는 악수를 하고, 왼손은 상대의 손목 또는 팔꿈치를 살짝 터치하거나 잡아주면서 한다. 여성의 경우는 손을 내미는 정도에 맞춰서 악수를 하면 되는데 손을 조금 내밀면 조금만 잡아준다는 뜻이다.

이밖에 캠페인 중에 어쩔 수 없이 상대후보 등 경쟁자진영과 악수할 때가 생기는데 이 때는힘을 세게 주어 자신감을 높이고 상대의 기를 꺾는다는 마음을 갖고, 우연히 경쟁자와 사진을 찍게 됐을 때는 가급적 오른쪽에 서서 찍어야 방송이나 신문을 통해 나올 때 상대보다 자신이 우위에 있는 모습으로 나오게 된다. 가장 중요한 것은 그 자리의 성격과 상황에 맞게 즉 실전적으로 악수의 방식과 수준을 조절하면서 익혀가는 것이 중요하다.

06
결국 '나 다움' 만드는 것

사람은 인생에 있어서 큰 고비나 시련이 닥치거나 또는 어떤 결심이나 결단이 필요하다고 생각할 때 자신의 스타일에 변화를 준다. 흔한 예로 짧게 이발을 하거나 하다못해 염색이나 파마를 해서 헤어스타일에 변화를 주거나 옷 입는 습관 등 패션스타일이라도 바꾼다. 자신이 변했다는 것을 가장 빠르고 쉽게 주변에 알리기 위해서다.

자연인인 신분에서는 자신의 스타일의 변화가 큰 문제는 안되지만, 대중들에게 선택을 받아야 하는 정치인과 후보의 입장이 되면 그때그때의 기분에 따라 즉흥적으로 하면 안된다.

정치인 특히 후보 신분일 때는 대중과 언론의 관심을 받을 수밖에 없는 신분이자 존재다. 따라서 스타일의 변화를 통해 추구하는 궁극적인 목표는 대중의 관심과 호감을 유발하여 결국 표를 획득하는 데 있다. 즉 변화를 통해 나'다움'을 대중에게서 인정받는 것이라는 거다.

이번 장에서 다룬 '이미지 메이킹'은 정당이나 언론사 등에서 출마자들을 위해 개최하는 정치 아카데미 등에서는 가르쳐 주지 않는 내용이다. 그러나 가르쳐 주지 않았다고 해서 또 배우지 못했다고 해서 중요하지 않은 것은 아니다. 때문에 내가 알지 못하고 배우지 않았다고 해서 중요하지 않다고 여기거나 생각하는 것은 자신의 무식과 무지라는 밑천만을 드러낼 뿐이다.

언제나 그러했듯 지금까지의 역사에서 무식과 무지로 무장한 만용과 치기는 공동체의 안녕과 인류의 진보와 발전에 아무런 역할을 하지 못했다. 결국 무지야말로 자신의 계발은 물론 자신이 속한 모든 곳에도 선한 영향력을 미치거나 도움이 될 수 없었음을 기억해야 한다.

출마를 결심하고 후보가 되어 선출직 공직에 진출하겠다는 것은 개인적인 권력욕이나 출세욕 또는 입신과 양명을 위함만이 아니다. 유권자에서 선택받아 공인으로서 역사와 국민 앞에 당당하고 자신과 소속정당의 정치철학과 노선을 공적인 법과 제도에 따라 현실정치를 통해 실현하고 풀어내기 위함이다. 선거의 규모나 지위를 떠나 선출직 공직자를 나라와 공동체를 대표하고 대의를 실천하는 공인이자 지도자로 대접하는 이유가 여기에 있다. 임명직 공직자에 비해 선출직 공직자에게 높은 대표성을 부여하고 높은 도덕성을 요구하는 이유도 이 때문이다.

우리 사회를 이끌 지도적 지위에 있는 리더를 선출하는 데 있어 유권자들이 판단하는 자격조건은 투사된 이미지와 드러난 업적 그리고 미래 비전 등 크게 세 가지다. 이 가운데 가장 빠른 시간에 가장 강력한 영향력을 미치고 따라서 대중을 사로잡을 수 있는 조건이 이미지인데 이미지라는 것을 우리말 한 마디로 표현한다면 그것이 나 '다움'이라는 거다.

물론 이미지만으로 지도자가 될 수 없다. 지도자는 권위와 신뢰로 대중의 존경을 받게 된다. 이러한 대중의 존경심은 구체적인 업적과 성취에 대한 평가를 통해 나타나며 지도자에 대한 지지자의 성원은 비전을 통해 현실이 된다.

지금은 어지간하면 공인이라 부른다. 연예인도 공인이고 스포츠 스타도 공인이고...대중과 가까웁고 대중에게 인기를 얻거나 대중의 존경을 받으면 모두가 공인으로 대접한다. 인기만 있으면 사람들은 공인이라 생각하지만 원래 인간은 습관적으로 가까운 사람의 말을 인정하지 않는다. 이러한 이유로 공자도 예수도 자신의 동네에서는 대접받지 못했다.

하지만 우리는 인기인이 아닌 지도자가 되려는 사람들이다. 인기인이 대중을 좇는 사람이라면 지도자는 대중을 이끄는 사람이라고 할 수 있다. 이러한 지도자를 지금은 대중이 선택하고 선출한다. 따라서 정치인과 후보자는 자신에게 권력을 위임해주고 자신을 선출해줄 대중의 마음을 사로잡아야 한다. 그들을 기쁘게 하고 그들의 언어로 그들을 대변하고 그들의 그리는 꿈과 비전을 말과 몸짓으로 훌륭하게 드러낼 줄 알아야 한다. 내가 가지고 있는 진정성과 가치를 나 '다움'으로 이미지화하여 대중에게 선보이고 기꺼이 선택받아야 한다.

대한민국 30여 년간 선거의 역사에서 수줍은 2등과 3등이 세상을 바꾼 경우는 거의 없었다. 오직 '나 다움'을 세련되고 매력적으로 대중에게 어필함으로써 선택받은 사람 즉 당선된 후보만이 세상을 바꾸고 대중을 이끌 수 있었음을 명심하자. 대중에게 진정한 '나 다움'을 드러내 보이고 선택을 받아야 할 장면을 기억해야 한다.

6장

승자를 위한
선거와 캠페인

흔히 민주주의의 꽃은 선거라고 한다. 선거는 민주국가에서 나라와 지역 그리고 시민들의 대표를 투표 행위를 통해 선출하는 것을 뜻한다. 투표권을 부여받은 유권자들은 매번의 선거에서 자신의 소신과 철학을 위임해주고 이를 실천할 후보나 정당에게 투표를 하게 된다.

이러한 선거에 뛰어든 정당과 후보는 당선 또는 선거의 승리라는 목표를 위해 특정기간 동안 벌여가는 모든 구체적인 행위와 운동을 하게 되는데 이를 통상 선거운동 또는 캠페인이라고 부른다. 선거에서의 승리와 당선을 목표를 위해서는 선거의 성격과 선거의 본질 그리고 예측이 가능한 과학적인 선거 캠페인에 대한 이해가 필수적이다.

그런데 세상에서 가장 쉬운 게 충고나 비평하는 일이듯 선거 때만 되면 어디서 나타났는지 모르지만 많고도 많은 선수들이 등장해서 한마디씩 조언을 한다. 우리나라에는 자칭 타칭 정치와 선거 전문가들이 너무도 많다. '사무실을 잘 못 얻었네. 명함이 어떻네, 현수막이 작네. 사진이 실물보다 못하네'하면서 충고와 훈수를 남발한다. 이러한 사람들의 충고와 비판은 고맙지만 새겨 들어서는 안된다. 배가 산으로 가게 된다. 스무 살만 넘으면 국민 누구에게나 주어지는 선거와 투표에 대해서 누구나 자기 나름대로 이야기할 수 있다. 그러나 그 이야기들을 들어주면서 한가하게 선거를 치를 수는 없다. 아무나 할 수 있는 군중들의 걸러지지 않는 이야기들은 그저 이야기일 뿐이다.

역사와 경험을 통해서 검증되고, 이론과 실천을 통해서 입증된 합리적이고 과학적인 방식으로 캠페인을 벌여도 될까 말까 한 게 사실이다. 인생을 걸고 출마한다고 해도 과언이 아닌 선거판에서 신념의 강자처럼 꿋꿋하게 한 길 가는 것은 쉽지 않은 일이다.

하지만 후보는 시대적 소명과 대의를 위한 사명으로 자기 스스로에 기대며, 국민의 곁에서 국민을 믿고 국민의 편에 서야 하는 운명을 사랑하는 사람이다. 그래야 어떠한 결과가 나올지라도 감사할 줄 알고 후회 없는 도전에 임할 수 있기 때문이다. 우리는 이 장에서 선거와 캠페인에 대해 구체적이고 실천적인 방식에 대해 살펴보고 배울 것이다. 여기까지 이 책을 덮지 않고 읽은 사람들은 어느 선거 교과서에서도 볼 수 없었던 가장 쉽고 유용한 선거운동 방식들을 배우고 알아갈 것이다.

01
선거는 3의 법칙이 작용한다

　세상에서 가장 안정적인 로직은 기본수인 3으로 이뤄져 있다. 종교를 예로 들어보면 성부와 성자와 성령이라는 삼위일체로, 우리나라의 문화와 전통도 3으로 이해하면 쉽다. 천,지,인 삼재로 우주를 간명하게 설명하고, 다리가 셋인 삼족오는 고구려의 상징이며, 흔히 하는 가위,바위,보 놀이 등에서도 삼세판과 3을 기본수로 한다. 3으로 이해하면 쉽다. 이밖에 논술도 서론, 본론, 결론으로, 동양최고의 경전이라는 주역도 변역(변한다), 간역(쉽고 간단하다), 불역(변한다는 것 자체는 변하지 않는다)이라는 세 가지 특징을 토대로 되어져 있다.

　선거에서도 한번 만나서 명함을 주고 받았거나 호감을 표한 유권자의 경우 3일 이내에 전화를 하거나 다시 만나야 후보자에 대한 기억과 호감을 끌어 올리고 계속 지지를 유지할 있다. 뿐만 아니라 반대편 지지자도 세 번 정도 만나면 욕은 하지 않게 되는 게 인지상정이다.

선거의 3대 요소

선거도 숫자 3으로 이해할 수 있다. 선거의 3대 요소는 정당, 구도, 투표율 이 세 가지로 단순화해서 이해하면 쉽다. 정당은 후보자의 정체성을 보여 주며, 구도는 여야 양자구도 또는 3~4명 혹은 다수가 출마하는 1여야다의 다자구도를 나타내며, 투표율은 심판이냐 지지냐, 과거냐 미래냐 등에 따라 투표율과 표의 응집력이 달라지는 것을 보여준다.

득표를 위한 캠페인의 방식

또한 선거의 방식은 본인의 지지표 지키기, 반대표 분산시키기, 유력후보 표 깨기 이렇게 세 가지로 나뉘어서 공략하게 된다. 본인의 지지표를 지키는 것은 기본의 기본으로 우선적으로 집토끼를 잡고 난 뒤에야 산토끼를 잡을 수 있다는 전략이다. 모든 선거의 승패는 밖에 있지 않고 안에서 나타난다. 우리 편의 결기와 결속, 인화와 단결이 반대편 또는 다른 후보에 비해 낮다면 이기는 것이기 때문이다.

따라서 반대표를 분산 시키기와 유력후보의 표를 깨려면 먼저 우리가 한 마음으로 똘똘 뭉쳐 있는 모습을 먼저 보여주고 이를 통해 반대표가 스스로 무너지게 하는 게 가장 상책이다. 그 다음으로 이슈의 선점, 여론전에서의 우위를 기반으로 반대편의 표의 응집을 막는 것 등이 중책으로 사용된다. 하책은 상대당과 상대 후보에 대한 네거티브 캠페인을 강하게 하는 것인데 효과는 네거티브의 내용의 파괴력에 따라 달라진다. 언제나 중요한 것은 상황에 따라 다르지만 기본은 우리 캠프를 안정화 한 뒤에야 비로소 반대표를 분산 시키고 유력후보의 표를 깰 수 있음을 명심해야 한다.

02
선거의 물적토대

  선거의 물적 객관적 토대는 시간(마스터플랜), 돈(조직), 사람
(캠페인) 세 가지이다. 시간(마스터플랜)은 한정적으로 사전 선
거운동 개시 일부터 투표일까지로 하고 계획을 잡아야 한다. 후
보, 정당, 캠프, 후보 배우자 등의 일감과 객관 정서와 관계 등을
타임스케줄에 맞춰 기록하고 점검하며 성과와 한계를 꼭 기록해
야 한다. 그래야 시간을 낭비하지 않고 후보의 힘과 노력을 정확
히 사용할 수 있다.

  돈은 선거에서건 생활에서건 가장 힘이 센 군대다. 선거에 소
요되는 돈은 정치자금과 선거자금으로 나뉘는데 정치자금을 통
해 캠프와 조직원의 사기를 올릴 수 있고, 각종 여론조사와 FGI
와 컨설팅 등을 할 수 있다. 선거자금은 법정한도 내에서 10%
정도를 절약해서 사용해야 선거 비용을 맞추는데 용이하다. 자
본주의 사회에서 돈이야말로 조직과 같은 개념으로 이해해야 한
다.

선거에서 돈은 여러 자원 중에 가장 강력한 힘을 가지고 있음을 기억해야 한다. 또한 돈과 조직은 불가분의 관계다. 돈이 없는데 조직이 만들어지지 않는다. 공조직 즉 당 조직의 지원을 받기 위해서라도 돈을 충분히 준비해야 하고, 사전 선거운동과 당내 경선, 출판회 등 본 선거 이전에 들어가는 자금과 기획을 감당하려면 반드시 준비가 되어야 한다.

조직은 평범한 개인들이 비범한 결과를 만들기 위해 만든 것이다. 야바위꾼이 어리석은 사람에게 돈을 따먹을 때도 조직을 먼저 만든다. 누구는 삐끼가 되어 손님을 물어오고 누구는 바람잡이가 되고 최종 선수는 현란한 손동작과 말솜씨로 돈을 갈취한다. 이처럼 조직이라는 것은 손발이 맞아야 하고 한 사람의 힘으로 할 수 없는 난제들을 해결할 수 있다.

사람(캠페인)은 선거에서 가장 중요한 선거캠프와 선거 캠페인을 담당하므로 특별한 준비가 필요하다. 캠프의 일도 캠페인을 벌이는 것도 어떤 사람을 쓰는가에 따라 달라진다. 캠프는 망루와 같은 곳에서 적이 어느 정도의 규모로 쳐들어오는지 또는 적이 어떻게 준비하고 있는지 망을 보고 준비하는 곳이자 전략과 전술을 기획하고 집행하는 선거의 사령부다. 캠프의 성원은 후보와 소통이 가능한 사람을 중심으로 준비한다.

초기 예선에서는 캠프장(사무국장)을 두고 기획, 홍보, 의전 및 수행을 담당할 사람 정도로 해서 5~10명 사이에서 캠프를 운영하고, 본 선거는 공천을 받은 후에 실시됨으로 공조직의 지원이 한결 편하다. 따라서 매머드급의 캠프 구성이 가능하다. 하지만 사공이 많으면 탈이 날 수도 있고, 표도 없는 사무실에 죽을 치면서 온갖 비평과 충고에 시간을 보내는 분들이 없도록 각별한 주의가 필요하다.

시간만 본다면 물리적으로 시간은 누구에게나 하루 24시간 공정하게 주어진 것처럼 보인다. 부지런하든 게으르든 모든 후보에게 공정해 보이지만 이는 대단한 착각이다. 돈이 많은 후보, 자원봉사자가 많은 후보, 인지호감도가 높은 후보, 자질과 역량이 남다를 후보 등등 후보 경쟁력이 비교우위인 후보에게는 하루가 24시간에 한정되어있지 않다. 이들은 잠자고 있을 때도 표를 얻고, 밥먹는 동안에도 표가 생기며, 본인이 홍보를 하지 않아도 지지자와 자원봉사자 그리고 언론 등이 나서서 캠페인을 대신 해준다.

따라서 시간, 돈, 사람이라는 객관적 토대는 떨어져 있는 물건이나 그때그때 준비하고 마련할 수 있는 공산품같은 게 아니다. 미리 준비하고 챙기고 다듬어 놓아야 제때에 제대로 쓸 수 있다.

03
후보와 캠프의 캠페인 방식

  E=mc²을 생각해낸 천재 과학자는 아인슈타인이다. 누구도 아인슈타인의 상대성원리를 겨우 다섯 개의 단어와 숫자로 요약했다고 비난하지 않는다. 이처럼 캠페인의 방식은 단순하게 생각하고 단순하게 말하고, 단순하게 행동하는 것이다.

  선거 운동에서 널리 알려진 3S라는 것으로 보통 simple, speed, smart를 의미하는 데 여기에 짧은 단문까지 포함해서 short를 넣기도 한다. '선거는 과학이다'라는 명언을 남긴 미국의 대표적인 정치 컨설턴트 조지프 나폴리턴의 지적처럼 "무엇을 말할 것인가 어떻게 말할 것인가 그리고 나서 말하는 것"으로 핵심을 요약할 수 있다.

  대중은 짧은 것을 사랑한다. 1863년 11월 19일 미국 펜실베이니아에서 에드워드 에버렛은 2시간에 걸친 연설을 했지만 지금 누구도 그를 기억하지 못한다. 반면 다음 연설자는 딱 2분간 연설했고, 사람들과 역사는 두 번째 연설만을 기억한다. 이것이 그 유명한 에이브러햄 링컨의 '게티스버그 연설'이다.

우리가 생활하면서 겪는 또 하나의 예를 들어 보자. 식당에 대략 7가지 이상의 메뉴가 있을 때 우리는 종종 결정장애 또는 선택의 혼란에 빠진다. 너무 많은 선택지가 오히려 사람들의 선택을 돕는 게 아니라 힘들게 한다.

예를 들면 대표 공약이 5개나 10개라면 후보도 헷갈릴 수 있다. 후보가 헷갈릴 정도인데 유권자는 오죽하겠는가. 대표 공약은 물론 정책도 슬로건도 간략히 정리되어야 캠페인이 파괴력 있게 진행될 수 있다. 따라서 대표 공약도 정책도 슬로건 캠페인 방식도 모두 세 개를 넘지 않아야 대중에게 쉽게 각인되고 대중의 소구력을 담보할 수 있다.

선거에서 대중은 후보의 자질이나 능력보다 승패에 더 관심이 있다. 또한 후보는 할 수 있는 일보다 할 수 없는 일이 더 많기에 앞에서 말한 것처럼 가장 단순한 방식으로 가장 단순하게 사고하며 가장 단순한 메시지를 반복하며 뚜벅뚜벅 가는 길이 왕도라 할 수 있다.

04
캠페인에서 집중해야 할 것

近者悅 遠者來근자열 원자래

캠페인에서 가장 중요한 것은 지지자를 모으고, 또 그들이 우리를 선택하기 위해 투표장으로 가게 하는 일이다. 전투에서는 이기고 전쟁에서는 지는 결과라는 것은 캠페인을 열심히 했는데 정작 자기를 당선시키기 위해 투표하지 않을 사람들을 향해서 했다는 거다. 집토끼를 우선 잡아야 산토끼든 들토끼든 잡을 수 있다.

그러려면 자신의 지지그룹 즉 공조직과 사조직 즉 당, 동문, 향우회, 팬클럽 등 에 캠프의 80~90%의 자원을 집중해야 한다. 후보들이 가장 실수하는 것이 가까운 사람들에게 서운하게 하는 것이다. 이미지메이킹에서도 강조했듯 [近者悅 遠者來근자열 원자래]라는 말은 정치와 선거에서 가장 어울리는 말이다. 가까이 있는 사람을 기쁘게 해야 멀리 있는 사람이 찾아온다는 말은 만고의 진리다.

선거는 소문을 잘 내는 운동이다. 가장 가까운 사람을 챙기는데 인색하고 측근들에게 잘하지 않는 사람이 어떻게 물리적으로나 심리적으로나 멀리 있는 사람에게 잘 할 수 있다는 말인가. 후보는 아무 아무개의 편이 누구나의 곁에 있는 모두의 벗이지만 자기를 먼저 알아주고 선택한 사람부터 챙기고 기쁘게 할 수 있어야 최종적으로 유권자의 선택을 받을 수 있는 기회의 문이 열린다.

따라서 당선으로 가는 지름길은 지지표를 안정적으로 지키는 일을 시작으로 가장 가까운 데에서 추동력을 얻어 소문의 동심원을 만들어 주변과 전체로 확산해 나가는 방식이 가장 유력한 전략이자 거의 유일한 길이다.

1등 전략

선거는 구도가 가장 중요한데 좋은 구도를 만들기 위해서는 철저히 1등 전략을 써야 한다. 1등 전략은 주류전략이라고도 하는데 보통선거는 다수가 출마하기 때문이다. 사실 우리나라의 경우 거대 양당의 복점구조(Duopoly system)로 되어있고, 대통령제 국가다.

이러한 이유로 대통령선거는 보통 10명 내외가 출마하지만 실질적으로는 양자구도로 치러진다. 가끔 10% 내외의 지지율을 업은 제3후보가 출현하기도 하지만 예외적으로 나타날 뿐 일반적이지는 않다. 하지만 국회의원 총선거나 지방선거 등은 양상이 다르다. 규모와 지역에 따라 다양한 후보 구도가 나타나고 정당지지 또한 다르기 때문에 양자구도로만 설명할 수가 없다.

더욱이 최근에는 유력한 정당의 경우 거의 모든 당이 후보 추천을 위한 당내 경선을 실시하는 데 당내 경선을 준비하는 입지자나 예비후보의 경우 최소 3~5명 이상인 경우가 허다하다. 예선도 치열하지만 본선도 다수가 출마하는 게 보편적인데 이러할 때 쓰는 전략이 1등전략이다. 예선이든 본선이든 본인이 출마하는 경우는 무조건 선거구도를 다자구도라 할지라도 양자구도 즉 1대1 구도로 만들어야 한다. 어떠한 경우라도 1등 주류전략을 만들어야 배제되지 않고 승리를 거머쥘 수 있다.

좋은 구도는 본인 자신을 중심으로 후보 구도가 만들어지는 것이다. '나냐 아니냐' 즉 'A냐 not A냐'의 구도를 만드는 것이다. 5명의 후보가 나왔는데 내가 그 다섯 명 가운데 한 명으로 지목되어서는 안된다. 거듭 말하지만 A-B-C-D-E....가운데 하나로 되어서는 안된다. 이는 마치 소비자들이 가전제품을 고를 때 삼성이냐 LG냐로 고르는 것처럼 자신도 그렇게 주류로 선택받게 만들어야 한다는 것이다.

대부분의 사람들은 가전제품을 고려할 때 브랜드를 기본으로 해서 선택하지, 제품설명서 때문에 제품을 선택하지 않는다는 것을 기억해야 한다. 유권자가 후보를 선택하는 기준도 공보물을 잘 만들거나 좋은 정책 때문에 선택받는 게 아니라는 거다.

이슈는 구도이자 선점 하는 것

박빙의 선거에서는 이슈파이팅이 승패를 가르게 된다. 먼저 이슈라는 것은 상대 후보 또는 다른 정당과 서로 입장이 다르면서 다투게 되는 사건의 중심인데 선거 구도를 내용적으로 심화시키고 선거판에 영향력을 확장해 가는 것이다. 이러한 이슈가 만들어지고 영향력을 발휘하기 위해서는 몇 가지의 조건이 따른다.

첫째로 대중의 관심사여야 한다. 유권자가 관심과 의미를 부여하지 않는 문제를 이슈로 만들기 위해서는 엄청난 시간과 노력이 필요한 데 이슈 한 개 만들다가 선거 끝난다. 때문에 평소에 자기지역과 시민들이 무엇을 원하는지 수요조사 욕구조사 등을 미리해서 이슈를 발굴해 놓아야 한다.

둘째 이슈가 선거에 영향을 미칠 수 있어야 하며, 찬반이 분명히 나뉘어야 한다. 선거에 영향을 미치지 않는 이슈는 이슈가 아니라 미담이나 이야기일 뿐이다. 이슈는 장단점을 놓고 토론을 벌일수록 더 많은 사람들의 지지를 얻거나 혹은 적어도 지지를 잃지는 않아야 한다. 투표장에 갈 유권자들의 의사결정에 상당히 영향을 줄 수 있어야 한다. 찬반이 분명히 나뉘어지되 최소 51대 49는 되어야 한다. 6대4나 7대3 가량이면 가장 좋다. 찬반이 나뉘어지지 않으면 이슈로서의 기능을 하지 못한다. 성, 연령, 재산, 지역, 이념 등을 고려하여 이슈를 갈라야 한다.

셋째 내가 주도권을 쥘 수 있어야 유의미한 이슈가 된다. 사전선거운동을 포함해 선거기간 동안 보통 대여섯 개의 이슈가 나왔다가 투표일이 가까워지면 한두 개의 이슈로 집중이 된다. 따라서 주요하고 단순한 중심이 되는 한두 개의 이슈를 집요하고 일관되게 길게는 사전선거운동 개시일부터 짧게는 본선거 기간 동안 반복해서 해야 한다. 마치 어떠한 이슈는 아무개의 전매특허인양 만들어 내야 한다. 정치와 캠페인은 홍보가 아니라 본질적으로 선동이기 때문이다.

05
후보의 자세와 태도

　후보를 빼놓고 선거를 얘기한다는 것은 어불성설이다. 선출직으로 도전하는 사람이 어느 날 후보가 되는 순간은 마치 전쟁터의 장군처럼 상대 후보 진영은 물론 일반 시민의 관심과 언론 등의 집중을 한 몸에 받게 된다. 그런데 이러한 때에 가장 중요한 것은 후보에게서 은연중에 또는 자연스럽게 드러나는 자세와 태도이다. 대다수의 일반 시민들은 후보를 가까이에서 접하는 것이 쉽지 않기에 이미지와 자세가 어떠해야 하는지 어떻게 해야 시민들의 지지를 받을 것인가를 살펴볼 것이다.

　성악설로 잘 알려진 순자荀子는 "스스로를 아는 사람은 남을 원망하지 않고, 운명을 아는 사람은 하늘을 원망하지 않는다. 남을 원망하는 자는 곤궁에 빠지게 되고, 하늘을 원망하는 자는 뜻이 없는 자이다."라고 말한다. 후보의 자세를 가장 잘 표현한 명언이라 할만하다. 남과 하들도 원망하지 말고 먼저 스스로를 아는 것이 진정한 지혜임을 말하고 있다. 항우의 고사에 나오는 "흙먼지를 일으키며 다시 돌아온다."라는 권토중래의 고사는 당나라 시인 두목이 지은 시에 있는 구절로 "치욕을 안고 견디는 것이 곧 사나이"라는 구절과 함께 실려 있다. 항우가 쉽게 포기한 것에 대한 안타까움이 묻어 나는 시다. 항우는 거의 모든 것에서 유방을 압도 했지만 남탓과 참모들의 진언을 믿지 않아 패배했다. 마지막까지 기회가 있었음에도 스스로 목숨을 버려 천추의 실패자로 기록되는 신세가 된다. 실패는 넘어지는 것이 아니라 일어서지 않는 것임을 후보들은 가슴 깊이 세겨야 한다.

후보의 제1덕목은 권력의지

후보의 권력의지는 선거판을 격동시킨다. 권력의지가 없는 후보는 남들이 장날이라고 시장가니까 따라 나서는 것처럼 비춰진다. 사람 좋다는 말만 듣다가 어이없게 집으로 가야 한다. 선거는 수줍은 사람들의 콘테스트가 아니다. 후보가 나약하면 캠프가 비참해진다. 착한 사람과 착한 일을 도모하다가 실패의 쓴맛을 경험해야 하기 때문이다. 정치라는 것은 막스 베버의 얘기처럼 '악마적 수단으로 천사적 대의를 실현하는 것'이기 때문에 권력이라는 악마적 수단을 잡아야만 자신이 생각하는 변화든 혁신이든 발전이든 천사적인 대의를 실현 시킬 수 있다. 선거에서 2등으로 낙선한 사람이 바꿀 수 있는 일은 우리가 사는 세상에는 거의 없다.

후보가 아무리 당당하고 분명하게 대중 앞에 선다해도 찍을까말까인데 출마에 대해서 물어보면 '아직 생각해 보지 않았다.'

'기회가 주어진다면...' '잘 모르겠다.' 등 부정적인 언어나 머뭇 거리는 자세를 보인다면 대중의 마음은 이미 떠났다고 봐도 이상할 것이 없다. 후보는 누가 무엇을 묻든 어느 자리에서 그 누구와 인터뷰를 하든 대화와 토론을 하든 '나를 돕는 것이 나라를 위하는 일이다. 그러니 도와 달라' '어떠 어떠한 문제 반드시 해결하겠다.' '꼭 하고 싶다. 해봐서 안다.' 책임지겠다.' 자신감과 긍정의 말로 자신의 지지를 만들어가야 한다.

따라서 후보는 마치 이미 당선된 사람처럼 태도와 자세를 당당히 하고 자신을 선택하라고 말 해야 한다. 굽신거리며 유권자들에게 표를 구걸하는 게 아니라 '여러분들은 여러분의 승리를 위해 저의 당선을 원하십니다.'라고 단호하게 말할 수 있어야 한다. 본인의 당선이 유권자 스스로가 바라는 점이라는 것을 분명하게 보여주고 자신감 있는 어조로 들려주어야 한다. 약간은 뻔뻔해져야 유권자의 마음을 얻을 수 있다. 고백하지 않고 이뤄진 사랑이 있기나 있었단 말인가!

PI(Personality Identity)와 상대규정

먼저 선거는 정합적으로 피아를 구분하고 상대와 나를 합목적적으로 규정하는 게임이다. 상대를 어떠한 성격으로 규정하는가 그리고 자기의 PI는 어떤가를 만들어 내야 한다. 이러한 상호 규정의 과정은 굳이 후보의 입으로는 하지 않더라도 지지 그룹이나 정당의 이름으로 또는 캠프의 대변인 등의 언론플레이를 통해 생산되고 확대 재생산을 반복하게 되면서 후보의 이미지와 스탠스가 정해진다.

예를 들어 예전에 친노, 친문, 친박, 친이, 최근의 친윤, 윤핵관 따위는 아주 얌전하고 관리 가능한 편이다. 양아치, 꼴통보수, 좌빨, 듣보잡 등등 입에 담기 어려울 정도의 심한 말들이 상대진영을 향해 또는 일반대중에게 확대 재생산 되기를 원하면서 온-오프 라인 모든 곳을 도배하고 다닌다.

이러한 상대와 자기를 규정하는 싸움은 마치 씨름판에서의 샅바싸움처럼 기세가 센 쪽이 그리고 집요한 쪽이 이기게 되어 있다. 후보는 맷집이 강해야 되는데 어떠한 닉네임을 붙여주어도 그리고 상대후보의 아픈 공격이 있더라도 허허 웃으며 이겨내야 한다. 설사 있지도 않은 가짜뉴스와 마타도어식 네거티브에 시달릴지라도 말이다. 사실 내가 후보 경쟁력이 없다면 상대는 나에 대한 욕도 하지 않는다. 욕을 많이 먹는다는 것은 당선가능성이 높아지는 것이니까 기꺼이 즐기시라는 말이다.

대중성과 미래비전은 후보의 치명적 매력

도시가 하루아침에 만들어지지 않는 것처럼 대중성 역시 하루이틀에 만들어지지 않는다. 하지만 정치 세계에 있어서 특히 선거운동 국면에서는 하루아침에도 스타가 되거나 빌런이 될 수도 있다. 선거 포스터가 붙는 순간 최소한 당신의 지역구에서 당신은 대중스타가 된다.

그런데 대중은 당신의 생각이나 기대와는 다르게 일관성이 없고 변덕과 건망증이 심하다. 대중은 선거운동의 열기가 한참인 동안만 그리고 여러분이 소속된 정당이나 캠프가 이슈를 주도하거나 차별적인 캠페인을 벌이는 동안만 그것도 잠시 당신과 정치인들에게 관심을 줄 뿐 그 사랑과 지지는 오래 가지 않는다.

때문에 대중성을 오래 유지하기 위해서 우리는 인지도를 높이고, 스토리텔링을 목적의식적으로 강화하면서 스스로의 이미지를 만들어가야 한다. 대중성이 만들어지는 초기 시점에서부터 대중의 언어로 대중과 소통하며 대중과 공감하고 경청하는 자세를 반복하는 과정에서 자연스럽게 대중성을 갖춘 정치인으로 거듭날 수 있다.

그리고 대중성을 갖춘 정치인이 되고자 한다면 간단한 방법이 있다. 마음을 열고 먼저 주변 사람들의 의견에 귀를 기울여라. 가장 가까운 친구와 동료 그리고 나를 신뢰하는 사람들이 나를 어떻게 생각하는지 듣고 나의 강점 또는 단점이 무엇인지 묻고 들어봐야 한다. 비난의 말이든 최고의 찬사든 가리지 않고 들어보고 대중의 시각에서 자신을 교정해 나가며 자신의 모습을 사실적으로 인정하고 진실적으로 활용하는 순간 대한민국의 대중적인 정치인이 한 명 더 출현하는 것을 보게 될 것이다.

일상과 생활에서는 이러한 방식이 가장 적합하지만 선거운동 과정에서는 출판기념회나 여러 가지 콘서트 등을 모멘텀으로 활용해서 스토리를 만들고 전파하면서 스스로의 대중성을 확인하고 확장시킬 수 있다.

미래비전하면 대단한 것처럼 보이지만 사실 당신이 정치를 하는 이유가 미래비전이다. 출마를 하게 된 동기, 출마해서 바꾸고 변화시킬 현재와 미래에 대한 그림이나 그 계획이 미래 비전이다. 이미 하고 있는 것이 아닌 하고 싶은 만들고 싶은 것이 비전이다.

대다수의 대중들은 사실 생활에 바쁘고 삶에 힘겨워서 미래와 비전에 대한 준비와 계획보다는 걱정과 불안을 고민하면서 살아간다. 이러한 대중들에게 나의 미래비전을 하고 싶은 일들을 보여준다는 것은 얼마나 가슴뛰는 일인가. 꿈이 뭔지 비전이 뭔지 궁금해 하는 유권자들의 심장을 고동치게 하는 삶처럼 보람된 삶이 있을까.

그래서 정치인과 후보는 준비가 되어 있어야 한다. 대중에게 새로운 길과 보다나은 내일이 있음을 친절하고 가슴벅차게 이야기 하고 함께 세상을 이끌어 가는 것이야 말로 준비된 정치인이 담당해야 할 몫이고 시대적 사명인 것이다.

유권자 대중에게 늘 당당하게 "나는 자신 있다." "나는 준비가 돼 있다." "내가 해봐서 안다." 하면서 자기다움과 다름을 보여줘야 하는 것이 대중성과 미래비전을 갖춘 정치인이 해야 할 일이라는 것을 명심해야 한다. 어려운 것은 하나도 없다. 스스로 어렵다고 느낄 뿐 그저 하면 되는 것을 모두는 해보지도 않고 어렵다고 할 뿐이기 때문이다.

인지도 높이기

생활인들 평범한 대중에게 인지도는 아무런 의미도 없다. 300명의 국회의원 가운데 이름이라도 기억하는 사람은 몇이나 될까. 17명의 시도지사는? 243명의 시장, 군수, 구청장 등 기초단체장은? 수백 명의 광역의원과 수천 명의 구의원은? 사실 대중에게 자신이 사는 지역구의 국회의원이 누군지를 묻는다면 아마 30%를 넘기 어려울 것이다. 여론조사를 해보지 않아서 모르겠으나 통상적인 경우 자신의 지역구 국회의원의 이름 정도는 들어는 봤다라는 것도 50%를 넘기 어려울 것이다.

사실이 이러하므로 정치인에 대한 단순 인지도는 그다지 중요하지도 않고 그러한 중요하지 않은 인지도를 제고하기 위해 엄청난 돈과 조직을 들여서 노력하는 것도 별로 중요하지는 않다. 인지도 자체는 가치중립적이기 때문에 인지도가 높다고 해서 호감도가 상승하지는 않는다. 예를 들어 남한의 전두환이나 북한의 김일성이나 단순 인지도는 거의 100%에 가까울 것이다. 이렇게 높은 인지도가 무슨 의미란 말인가.

말하고자 하는 바는 인지도가 올라갈수록 인기도와 지지도 즉 인지 호감도가 비례해서 상승해야 하는데 이것을 어떻게 만들어 갈 것인가가 중요하지 무조건 인지도를 높이기만 한다면 이는 이유도 모르면서 건물 층수만 올리는 꼴이 된다. 어떠한 사건과 문제가 생겼을 때 당신의 해결능력이 돋보이고 당신 주도적인 역할을 통해 그러한 문제를 해결했다면 당신의 인지호감도는 수직상승하면서 득표활동에 엄청난 도움으로 될 것이다. 하지만 이슈든 문제든 당신이 끌려다니면서 어떠한 답도 해결능력도 보여주지 못한 채 휘둘린다면 그저 또 다른 한 명의 이름 모를 후보로 전락할 뿐임을 알아야 한다.

따라서 인지도에 급급하지 말고, 본인이 성취한 업적과 현안과 비전에 대한 입장과 견해 즉 '컨텐츠'를 우선 준비하는 데 시간과 정력을 써야 한다. 그리고 당신의 인지도가 올라가면 상대 진영의 공격이 무차별적으로 시작되는데 이에 대한 준비와 훈련이 병행 되어야 한다. 토론 자리에서는 함정질문이 쇄도하고 당신의 실수를 낚으려는 여러 가지의 치사한 방식이 동원될 것이다. 이를 이겨낼 준비가 필수적이고 맷집과 함께 면역력과 회복 탄력성을 키워야 한다. 사실 인지도 제고는 여러 가지 다양한 선거운동의 스킬과 방식으로 어느 정도 해결이 가능하다. 여론조사가 여론을 만들기도 하기 때문이다.

06
스피치 및 토론 연습

스피치

정치는 말로 시작해서 말로 끝난다고 해도 과언이 아니다. 때문에 스피치 능력을 키우기 위해서는 다량의 연설문을 읽어보거나 자신의 유세문을 소리 내어 읽는 등 많은 연습과 실전 외에 특별한 왕도가 없다.

다만 스킬이라고 한다면 말이 조금 늦더라도 또박또박 발음을 하는 습관을 들이고 문자에서 명사를 강조하면 발음이 훨씬 나아지며, 청중들에게 정확한 메시지를 전달할 수 있다. 그리고 가급적 목에서 나는 소리가 아니라 단전에 힘을 주고 허리를 꼿꼿이 하며, 배에서 우러나는 깊은 목소리를 밖으로 내보내면 깊은 목소리와 울림이 있는 스피치가 가능하다.

다시한번 강조하자면 자신의 연설문은 외울 정도로 입에 익어야 하며, 즉석에서 연설을 할 경우나 메시지를 발표할 경우라도 서두르지 않고 먼저 생각을 정리한 뒤 간략(내용)하고 짧은(길이) 메시지를 천천히 전달한다.

토론 – TV토론을 중심으로

토론도 역시 스피치 연습과 연동해서 발음 및 억양 등에 주의해야 한다. 다만 카메라나 시청자들이 집중하고 있기에 토론의 경우 반듯한 자세를 유지하는 것이 매우 중요하다. 특히 절대 몸을 뒤로 젖히거나 제스쳐를 취하는 것도 아닌데 몸을 자꾸 움직이면 산만한 후보로 인식되므로 자제한다.

토론은 영화의 한 장면 즉 주인공끼리의 결투하는 씬을 연상시킨다. 총칼은 없지만 결투의 자리인 만큼 치열한 기싸움이 진행된다. 가급적 양손은 테이블 위에 올려놓고 토론을 하되 팬을 꼭 들고 메모하는 모습이 대중에게는 긍정적 이미지로 비춰지므로 연습을 통해 습관화한다. 그리고 인사말과 마무리 발언은 가급적 외워서 하되, 고개가 반듯해야 유권자들의 신뢰를 얻을 수 있다. 카메라는 토론시에 너무 의식하지 말고, 관객이 있다면 관객 응시하면서 자기 주장을 펼친다.

토론 과정에서 답변을 할 때는 질문의 요지를 먼저 파악하고 반드시 결론부터 말씀하되, 간략하게 해야한다. 예를 들어 잘 모를지라도 "저 자신있습니다.""제가 해결할 수 있습니다. 대안 있습니다." 등 언제나 당당하고 자신감 있는 어조로 토론해 임한다. 어쩌다가 상대편 또는 패널이나 사회자의 질문을 파악하지 못했을 경우 질문 요지를 사회자에게 정중히 부탁하는 여유도 필요하다.

대중은 인파이터 즉 공격적인 후보에게 호감을 느낀다. 정치 토론의 본질이 투쟁이기 때문이다. 방어적인 모습보다 공격적인 자세가 중요하다는 점을 기억하라. 그리고 상대후보에게 질문을 할 때 역시 자신의 답변 중 미흡한 답변부터 먼저 하고 질문한다. 다만 군소 후보에게 질문할 경우 너무 야박하게 굴지 말고 비웃지 말아야 한다. 상대편이라기 보다 약자를 공격하는 것으로 비춰져서 득표에 도움이 되지 않는다.

평소에 사실에 근거한 네거티브 공격을 받았던 부분이나 자신에게 불리한 측면 등이 토론의 주제가 되어 토론에서 몰리거나 공격받게 되는 경우가 생길 수 있다. 이런 때는 피하려 하지 말고 정면돌파 또는 즉각 사과를 통해 깔끔하게 털고 가는 것이 바람직하다. 한 사안에 매몰되되거나 불리한 이슈의 한 복판에 서면 전체를 망칠 수 있고 위험하다.

그리고 토론은 한 번에 끝나지 않는다는 점을 기억하고 차분하고 느긋하게 시간에 얽매이지 않고 대응해도 충분하다. 기타 주요한 통계나 지수 등 숫자로 나타나는 지표 등은 가급적 외우고 토론장에 들어가며, 필요할 경우 도표 등을 가지고 가서 활용하면 실질적이고 구체적인 모습을 대중에게 각인하는 것이 가능하므로 준비된 후보로 비춰질 수 있다. 메이크업은 방송국에서

해주지만 화장은 너무 진하게 하지 않고, 시계(여름에는 메탈, 겨울에는 가죽 끈)와 반지(반짝거리지 않고 굵지 않은 것)를 착용하여 안정적인 이미지를 코디한다.

경청과 소통능력

경청과 소통은 리더의 가장 중요한 요소인데 특히 정치적 리더에게 필수적인 능력이다. 소통하려면 경청해야 하고 경청에 뿌리 두지 않는 소통은 소통하는 척 할뿐 오래가지 못하고 만다.

경청에는 두 가지가 있다. 경청傾聽의 경傾자는 기울일 경자로 몸을 기울여서 듣는 성의를 보이는 것으로 국민의 의견이나 다른 사람들의 다른 의견을 듣는 것이다. 경청敬聽의 경敬자는 공격할 경자로 상대를 공경하는 마음으로 들어주는 것이다. 소통疏通은 잘 통한다는 것인데 막히지 않아야 말이든 어떤 흐름이든 통할 수 있다. 뜻과 말이 서로 통해야 오해가 없으며 소외를 막을 수있다. 소통이 없거나 안되면 고통이 된다. 동의보감에 통즉불통通卽不痛 불통즉통不通卽痛이라는 말처럼 통하면 아프지 않고 통하지 않으면 아프다는 말이다.

세상 사도 이와 같다. 경청과 소통은 정치 리더의 기본자세임을 잊지 말아야 한다. 두 가지 경청의 자세와 소통하려는 의지와 노력이 수반되면 존경받는 정치인으로 되는 데 손색이 없다. 경청은 소통을 위한 기본자세이자 정치적 리더십을 갖추는 첫 단추라 해도 과언이 아니다. 첫 단추가 바르게 되어야 옷매무새가 바른 법이다. 소통은 경청을 통해 답답하고 막힌 현실을 뻥 뚫어주는 시원한 사이다와도 같다.

호연한 마음품기와 용인술

정치인이 합목적성을 띠고 권력의지를 품고 정치를 하는 것은 너무나 당연하다. 하지만 자칫 권력욕만 가득한 냉혈한 또는 사람 냄새가 나지 않는 비인간적인 사람이라는 비난과 세평에 약해질 수밖에 없는 것도 현실이다. 하지만 인간적인 매력이 없는 리더에게 좋은 인재가 꼬일리는 없다. 정치인도 사람이기 때문에 호연한 마음과 아름다운 의지를 키워 가장 가까운 사람들로부터 매력적이고 인간적인 지도자로 인정 받아야 한다.

초한지의 두 주인공이 있다. 항우와 유방이다. 이 둘은 동시대 역사의 라이벌이었다. 항우는 초나라의 좋은 가문의 유망한 청년이었다. 역발산기개세力拔山氣蓋世 산을 뽑아 올리고 세상을 덮을 만한 기운을 가졌다는 이야기에서 보듯 항우는 천하 맹장의 모습이었을 것이다. 유방은 패현이라는 작은 고을의 별 볼 일 없는 건달이었는 데 그래도 붙임성이 좋았는지 그게에는 함께 어울리는 패거리도 많았다.

항우와 유방은 진시황이 중국을 통일하고 전국을 순행하는 것을 우연히 보게 되었다. 항우는 "내 반드시 저 자리를 빼앗아 황제의 자리에 오르리라."고 했고, 유방은 "부럽구나. 사나이라면 저 정도는 되어야지."라고 했다고 전해진다. 항우의 의지는 황제라는 자리에 대한 개인적인 탐욕이었다면 유방의 부러움은 전란의 시대 고난에 지친 평민이자 장삼이사들의 바람을 나타내주는 소박하지만 공감할 수 있는 욕망이라고나 할까. 정치에서 합목적성이 합리성을 압도하지만 결국 진나라를 멸하고 천하의 패권을 잡은 것은 한 고조 유방이었음을 기억한다면 합목적도 합리도 넘어서는 것은 시대정신과 천명 즉 운이 아닐까 하는 생각이 든다. 모든 것에서 앞섰던 항우가 유방에게 패한 이유는 간단하다. 가까운 사람들의 충언을 듣지 않았고, 스스로를 반성하지 않은 탓이다.

사마천도 항우본기에서 항우의 잘못을 비평한다. "자신의 전공을 자랑하고 사사로운 지혜만 앞세워 옛것을 배우지 못했다. 패왕의 대업이라고 하며 힘으로 천하를 정복하고 다스리려다 5년 만에 나라를 패망하게 했다. 죽으면서도 여전히 자신을 돌아보고 꾸짖는 일이 없으니 이것이 큰 잘못이다." 라고 말이다. 승자가 되고자 한다면 패자가 패한 본질적인 이유에 대해 알아야 한다.

정치 리더의 용인술用人術(사람 쓰는 법)에 대한 기본은 믿지 않으면 쓰지 말고 썼으면 의심 말아야 한다는 것이다. 물론 쉬운 일은 아니다. 천하의 공자님도 잠시나마 자신의 수재자 안연을 의심하긴 했으니 말이다. 언제나 인재를 얻는 것이 어려운 일이다. 정치판 특히 선거판에서 인재를 구하고 동지를 만든다는 것은 어려운 일이다.

따라서 아무리 합목적성이 덕목이 되는 정글의 정치판이라도 마음만큼은 선하게 가장 가까운 사람부터 챙기고 진심으로 믿어줄 때 큰 뜻을 펼 수 있다는 것을 알 수 있다. 리더가 의심 많고 변덕 심하고 보상에 인색해선 승리할 수 없다. 그리고 리더는 이익 앞에서 지혜가 어두워지는 이령지혼利令智昏에 빠지지 않도록 주의해야 한다. 리더는 이익보다 의리를 중시하여 손해 보는 일이라도 기꺼이 할 준비가 되어 있어야 한다.

예나 지금이나 쓸만한 사람 즉 인재는 남이 먼저 차지 한 것처럼 보인다. 인재가 내게로 오는 게 아니라 내가 그 사람을 먼저 불러주고 알아주는 순간 인재가 되는 것임을 믿는다면 인재를 얻는 것도 난망한 문제는 아니다. 피그말리온이 갈라테이아에게 보낸 진심 어린 사랑의 위력을 믿어야 한다. 그래야 리더다.

07
정치 후원금과 정치자금 사용방법

정치 후원금이란

자본주의를 살아가는 거의 모든 사람에게 돈이라는 것은 필요 그 이상이다. 정치인에게 있어서도 마찬가지로 돈은 사람 다음으로 가장 중요한 자원이다. 국가는 법과 제도를 통해 정치인에게 합법적인 돈의 마련과 사용을 강제하고 있다. 대통령이든 국회의원이든 선출직 정치인이라 할지라도 법에서 정하는 합법적인 방식으로 정치 후원금을 모으고 사용하도록 하며 이를 어길 시에는 법적 제제가 따른다. 따라서 정치인이 후원금을 모을 때는 깨끗하고, 투명하며, 공개적으로 해야 한다.

그러나 이것은 원칙적인 방법이고 청년, 여성, 장애인 등 정치 신인이나 인지도가 약한 정치인 또는 군소정당의 후보들은 이러한 방식으로 과연 얼마나 모을 수가 있단 말인가. 정치자금은 고사하고 선거자금의 반이라도 모을 수 있다면 평소에 아니 전생에서 덕을 쌓았다고밖에 볼 수 없을 것이다. 법과 제도적를 현역 중심, 거대 정당 중심, 기득권 중심으로 각종 허들을 만들어 놓고 정치 신인들에게 도전을 권하는 사회는 과연 바람직한 사회라고 할 수 있는가.

하지만 이러한 제약과 각종 장벽을 넘어설 대책을 마련하고 담쟁이처럼 포기 없이 담을 넘어야 하고 때로는 벽을 부숴 문을 만들어야 할 때도 있다.

먼저 후원금 모금을 모으는 방법 가운데 가장 보편화 되어있고 누구나 준비만 하면 할 수 있는 펀드Fund에 대해 알아보자. 펀드는 특정 선거와 사안에서 일정한 돈을 목표로 공개, 합법, 대중적으로 돈을 모으는 방식이다. 아무개 대선 펀드, 아무게 총선펀드 등 이름을 붙여서 합법적으로 일반 대중에게 공개적으로 어느 정도의 목표액을 정하고 돈을 꾸는 방법인데 그리 어렵지 않다.

그리고 자신이 평소 인간관계를 잘 해왔고 이러한 인적 사회적 네트워크를 이용해서 후원금을 모을 수 있다면 합법적인 절차로 후원회를 구성하고 사회적 존경을 받거나 재정적 여력이 충분한 후원회장을 모셔서 돈을 모으는 방법이 있다. 정치 신인과 도전자들에게는 쉬운 일은 아니다.

사람들이 후원금이나 돈을 내는 이유는 다양하다. 먼저 개인적으로 후보를 아는 경우다. 이는 순수한 마음으로 가족이나 친인척 그리고 친구 등 오래되거나 깊은 관계를 통해 이어진 경으로 후보의 기초적 자원그룹이다. 둘째, 그의 입장에 동의하는 경우다. 소속한 정당이나 그와 추구하는 이념이 비슷하거난 할 때 후원자가 되는 경우로 정치적 후견 그룹이다. 셋째, 상대 후보를 떨어뜨리고 싶은 경우다. 세상에서 적의 적은 동지인 경우가 많다. 유권자가 투표장으로 가는 이유는 당선 목적보다 누군가를 심판하러 즉 낙선시키러 가는 경우가 더 많은데 이러한 경우다. 넷째, 자기만족을 위해 뭔가 하고 싶은 경우다. 이러한 경우은 신이 주신 선물이라고 생각하면 되고, 그가 속한 당이나 그룹, 세력을 지지해서 후원하는 열정적 후원그룹이 있다. 이렇게 다양하게 나타나는 후원 지지 그룹에 대해 세밀하게 대응(마이크로 타깃팅)한다.

모금방식

정치후원금을 마련하는 방식도 기본에 충실한 방식과 기본은 소액 다수의 모금이다. 만약 1억 원의 후원금을 모은다고 오천만 원은 만원, 3만 원, 5만 원, 10만 원 등 소액으로 모은다. 돈 낸 사람이 투표도 하기 때문이고 돈 낸 사람이 주변에 나를 홍보해주고 소문의 동심원이 되는 사람들이기 때문에 많으면 많을수록 좋다. 비교적 거액의 후원을 하는 경우는 소수이지만 가족과 친인척 그리고 오래된 친구나 동창이나 동문일 경우가 많다. 이들은 가까운 곳에서부터 모금을 하고 주변으로 점차 확산해 낸다. 당선가능성이 높아지고 당신의 인지호감도가 높아지면 후원금은 많아지고 후원자도 늘어난다. 하루아침에 배부를 수 없다. 만 원을 내든 후원의 한계 금액인 오백만 원을 내든, 아니면 수 천 만 원을 펀드를 하든 모두 소중한 당신의 지지자이자 든든

한 후원자라는 점을 기억하고 어떻게 하든 하든 그들에게 보상을 해야 한다. 신세를 진 것이니 갚아야 하는 게 인지상정이지만 오래도록 정치를 해야 하고 후원한 마음에 대한 진심 어린 보답과 보상은 당신의 당선과 당선 후 약속을 지키는 업무수행이라는 점을 기억하라.

단, 댓가를 바라고 하는 후원금은 정중히 사절해야 한다. 나중에 두고 두고 족쇄가 될 뿐이다.

정치자금 사용방법

이렇게 마련한 후원금과 펀드는 어떻게 사용해야 하나? 먼저 정치자금과 선거자금으로 분리해서 처리하는데 보통 후원금은 정치자금으로 펀드는 선거자금으로 활용한다. 정치자금은 선거 후에 반환받지 못하는 자금이고 선거자금은 선거후 일정 정도 (득표율이 10% 이상이면 선거비용의 50% 이내, 15% 이상이면 전액보상) 득표를 하면 돌려받는 자금이므로 상환이 가능하기 때문이다.

따라서 정치자금은 선거사무실 임대료, 각종 정책 수렴 및 여론조사 비용 등 정치관계법에서 규정하는 분야 즉 선거비용외 자금으로 쓰면된다. 선거자금은 선거운동원 경비, 현수막, 공보, 유세차 등에 들어가는 경비에 써서 선거 이후 보전을 받으면 상환하는 데 활용한다.

|7장|

정치인이
갖춰야 할
인문학 가치
열 가지

01
감사하는 마음

부지런한 사람의 하루는 게으른 자의 백년 보다 낫다는 말이 있다. 평범한 이 이야길 누군가는 수십 번에서 수백 번을 곱씹었으리라. 나는 또한 생각한다. 옥타비아누스의 '천천히 그러면서 서둘러라'는 일종의 시테크(時 Tech)에 대해서 말이다.

어려운 얘길 빌려 쓰지 않더라도 주어진 시간을 얼마나 값지게 또 최선을 다해 사용하는가에 따라 미래는 결정된다. 미래를 예단하기는 어렵지만, 미래라는 놈도 결국 점이 모여 선이 되고 선이 모여 면을 이루고 면이 모여 입체를 만들 수 있듯 매 순간 순간의 결과로 만들어지는 창작물에 다름 아닐 것이다.

나는 정치인의 인문학적 덕목 가운데 무엇보다 중요한 가치는 '감사'하는 마음이라 생각한다. 특히 그냥 감사해하는 마음이 아닌 잘되었든 잘못되었든 성공했든 실패했든 '결과'에 감사하는 마음이 중요하다고 믿는다.

사실 범사에 감사하면서 하루하루를 살아간다는 것은 말처럼 쉬운 일이 아니다. 겨우 코로나를 이기고 조금 살만해졌나 했더니 고환율 고금리에 고물가로 민생은 어렵고 삶은 팍팍하다. 정치인인든 생활인이든 고통과 간난의 시대를 감사해하면서 살아가라고 이야기하는 것이야말로 서글픈 일이 아닐 수 없다. 말이 쉽지 결과에 감사하기를 하려면 얼마나 많은 준비와 각오 그리고 받아들임이 필요한가. 이러한 결과에 감사해야 한다는 얘기는 가톨릭의'내 탓이오'하는 마음공부와 상통하는 얘기와도 같은 맥락이리라.

보통의 사람은 삶과 생활 속에서 주변이나 곁의 사람들이 내린 평가 즉 평판지수를 통해 검증된다. 자신이 살아온 삶의 이력도 자세도 잘모르지만 주변은 늘 나 자신을 평가하고 있다. 결국 본인 스스로의 의도나 뜻과는 상관없이 우리는 아무개와 비교당하고 아무개의 평가를 받게 된다.

정치인은 표로 심판받고 경제인은 성과로 심판받지만, 생활인은 주변에서 내린 이러저러한 비교와 평가를 통해 평판이 내려지고 인정받거나 심판받는 것이다. 정치인인든 경제인이든 생활인이든 사람은 결국 주변의 좋은 평가를 위해서는 사람의 마음을 얻어야 가능한 것이고 이는 자신이 얼마나 사람들에게 마음을 다해 노력했는가에 따라서 달라진다.

주역의 이치처럼 모든 것은 변화하고 변화하지 않는 것은 하나도 없는 것이 현실이니 생활과 삶에서 우리가 변수라는 하는 것 역시 상수常數로 밖에 이해할 수 없는 것이다. 따라서 자기를 떠나 누구를 탓하는 것이야말로 현실에 대한 부정이자 무책임 그 자체에 불과하다. 현실은 늘 변화하고 살아 꿈틀대는 자연 그 자체다. 핑계 없는 무덤 없다지만 탓하는 때는 이미 늦어버린 때라 생각한다.

결과에 감사하기 위해서는 미루지 말고 실천해야 한다. 이를 나는 즉각 실천이라 하는데, 오늘 일은 오늘에 하라는 말로 누구에게든 실질적인 내일이 없기 때문이다. 논어 선진先進편에서 공자의 제자 계로季路-자로의 또 다른 이름-가 "감히 죽음에 대해 묻겠습니다"(敢問死감문사) 하자 공자는 "삶도 모르는데 어찌 죽음을 알겠느냐?"(未知生미지생 焉知死언지사)고 답한다. 참 우문에 현답이라는 얘긴 많이 들어 봤지만 기가 막힌 답변이자, 오늘과 현재라는 시점 즉 죽음보다는 삶에 대한 치열한 공자의 실천의식이 깊이 녹아 있는 답이라 아니 할 수 없다.

지금 당장, 오늘, 현재에서 할 수 있는 일을 미루지 않고 바로바로 처리한다는 것은 생활인의 미덕이자 이러한 실천만이 오늘을 제대로 살고 아름다운 미래를 만들어가는 참다운 길이자 죽음이나 죽음 그 이후의 문제마저 불안케 하지 않을 수 있는 힘을 지닌 생활의 자세이자 태도라고 말할 수 있다.

오늘 우리는 결과에 감사하기 위해서 즉각적인 실천을 할 것이다. 사람들을 만나고 전화하고 글도 쓰고 책도 읽을 것이다. 사람의 마음을 얻기 위해 말이다. 하지만 이 두 가지의 지표를 기술이 아니라 마음이라는 점이라 늘 새기면서 오늘을 하루를 활기차게 보내야 한다.

From now, from today!

02
책임

 6.25 한국전쟁 때 중국의 주석 마오쩌둥은 자신의 친아들 마오안잉을 전쟁에 참전시켰으나 전사했다. 마오는 국가의 주석으로서 책임을 다하고자 다른 나라의 전쟁에 자신의 아들을 비롯해 한국전쟁에서 중국인민해방군 수십만 명이 참전했고 그 가운데 수만 명이 전사했다. 가히 중국과 북한은 혈맹이라 할 만하다.

 마찬가지로 미국의 경우도 아이젠 하워 대통령의 아들을 비롯해서 패튼 장군의 아들, 워커 장군의 아들 등 군 장성 이른바 상류층의 자식들이 병역의 책임을 회피하지 않고 다른 나라의 전쟁에 참전했으며, 수만 명의 전사자 및 희생을 치르면서 한국을 도왔으니 미국과 한국 역시 혈맹이다.

 1982년 영국과 아르헨티나가 벌였던 포클랜드 전쟁에 영국 왕자와 대처 총리의 아들들이 주저함 없이 참전하여 승리로 이끌었으니 이 역시 상류층의 사회적 책임이라 할 수 있다.

 전쟁의 성격이나 양태를 떠나서 자신이 속한 공동체 즉 국가의 안전과 국민의 생명을 지키기 위해서 기꺼이 위험을 감내하는 것을 우리는 '노블레스 오블리주'라며 아름답게 기억한다.

하지만 우리 사회의 소위 말하는 지도층이나 상류층의 사회적 책임은 어느 정도인지 생각해보면 답답하기 그지없다. 대통령선거나 선출직에 출마해서 자신과 아들이 병역기피 또는 면제 의혹에 휘말린 사람이 한둘이던가. 정치인 등 권력자만이 아니라 재력가나 우리 사회의 속칭 상류층이라 부류 역시 자식의 군 면제, 상속이나 탈세 문제 때문에 온갖 편법과 도덕적 일탈을 하는 것은 얼마나 책임 없는 짓인가 말이다.

생텍쥐페리의 '어린왕자'에 보면 여우와 어린왕자의 다음과 같은 대화가 나온다.

"네 장미꽃이 그토록 중요한 꽃이 된 것은, 네가 그 꽃을 위해서 바친 그 많은 시간들 때문이야"

"내가 그 꽃을 위해서 바친 그 많은 시간들 때문이야"

어린왕자는 그 말을 기억해 두기 위해 되풀이 했다.

"사람들은 이 진리를 잊어버렸어. 하지만 너는 잊어버리면 안 돼."하고 여우는 계속 이어 말했다.

"네가 길들인 것에 대해서 너는 영원히 책임을 느끼게 되는 거야. 너는 네 장미꽃에 대해 책임이 있어."

"나는 내 장미꽃에 대해 책임이 있어...."

어린왕자는 그 말을 기억해 두기 위해 다시 한번 되풀이해서 말했다.

그렇다. 우리 모두는 사랑하는 것을 얻기 위해 시간을 바치고, 그 마음을 길들이고자 노력한다. 그것이 그러한 것에 대한 마음 씀씀이 책임이다. 약속을 지키는 것, 의무를 다하는 것, 자기가 하기 싫은 일을 남에게 시키지 않는 것, 최선을 다하기 위해 노력하는 마음씨들 이러한 것들이 모여 책임이 된다.

책임을 가장 잘 표현한 글귀 가운데 하나는 공자의 '己所不欲 勿施於人기소불욕물시어인'이라는 말일 것이다. '내가 하기 싫어하는 일은 다른 사람에게 베풀지 마라.'라는 말인데 단순한 진리처럼 보이지만 사실은 지키기가 쉽지 않다. 스스로 가슴에 손을 얹고 생각해보면 나는 정말이지 내가 하기 싫은 일을 남에게 시키지 않았는지 금방이라도 알 수 있는 문제다. 많은 사람들은 자신의 문제를 스스로 책임지는 것을 어려워하거나 두려워하거나 또는 싫어하는 마음이 사회에 만연하다.

남 탓하기 이전에 내가 장미꽃을 보는 것이 즐겁다면 장미꽃에 물을 주고 가꾸는 일을 귀찮아 해서는 안된다. 반려동물과 함께 살아가려면 이쁠 때나 늙고 병들었을 때다 한결같이 한마음으로 지켜줘야 한다.

그렇다. 누군가를 지키는 것 아끼는 마음 그것이 책임이다.

03
인내

내 취미 가운데 시간 가는 줄 모르고 하는 두 개가 있다면 바둑과 활쏘기이다.

바둑은 그리 기력이 높지 않지만 어찌 그리 재미있는지 바둑을 두다 보면 시간이 금방 지나간다. 바둑의 격언을 담은 명언 열 가지를 '위기십결圍棋十訣'이라 하는데 핵심적 요약은 경솔히 두지 말고 신중히 하라는 얘기다.

나는 바둑을 대학 졸업 후 배웠는데 가르쳐준 선배는 "바둑은 참는 게임이고, 참을 줄 알면 한 급수 올라간다."고 했다. 실제 바둑을 빨리 두다 보면 실수가 나오고, 힘을 비축하고 참지 않으면 공격은커녕 내 세력이 지워지고 마는 게 바둑의 이치다. 기회가 올 때까지 그리고 내 힘을 제대로 펼 수 있을 때까지 결국 참아야 하는 것이다.

또한 내가 즐겨하는 스포츠 가운데 하나는 국궁이다. 활을 배우고 쏜지는 10년 가량 되었고 여전히 재미있게 그리고 마음 수양을 위해 계속한다. 예전 활쏘기는 군자의 필수 덕목이었다. 군자육예(예악사어서수禮樂射御書數:예의·악기·활쏘기·말타기·글

쓰기·수학)즉 군자라면 반드시 익혀야 할 여섯 가지 가운데 활쏘기가 있다.

예전 인기 드라며였던 '성균관스캔들'을 보면 주인공들이 정조 임금을 모시고 하는 대사례 즉 활쏘기 장면이 나오는데 성균관에 있는 활터 이름이 '육일정六一亭' 즉 군자육예 가운데 활쏘기가 으뜸이라고 해서 육일정이다.

활을 배우고 쏘는 일은 쉽지 않다. 초보자는 현을 당기는 것 자체도 힘겹다. 수주에서 수개월의 연습과 수련을 거쳐 사대에 서서 활을 쏘게 되는데 사대에서 과녁까지의 거리는 145m로 꽤 먼 편이기에 과녁을 맞추는 일은 그리 쉽지 않다. 화살이 과녁에 맞는 것을 '관중'이라 한다.

사대에 서서 시위를 당기고 화살촉으로 과녁을 본다. 그리고 정확히 조준을 했는지 내 호흡은 어떠한지 또 내 자세는 완벽한지 등을 챙긴 후 활을 쏜다. 이 역시 급하면, 그리고 삿된 마음이 있으면 좀처럼 관중은 쉽지 않다. 특히 관중을 하기 위해서는 활을 끝까지 당기는 자세에서 다만 몇 초라도 버텨내는 참음과 인내가 있어야 가능하다. 물론 나는 과녁을 맞추는 관중보다 득중 즉 마음의 중심을 얻는 것이 활쏘기를 하면서 할 수 있는 마음공부이기에 더욱 소중하게 생각한다.

우리 사회처럼 각박한 곳에서 참고 인내한다는 게 쉬운 일은 아니다. 나는 20대 청년시절 학생운동을 하다가 두 차례 감옥에

갔었는데 감옥에 있는 사람들이 가장 많이 한 문신이 '인내 忍耐' 라는 글귀임을 보면서 인내하고 참는다는 것이 얼마나 어려운 일인지를 역설적으로 깨달았다.

그렇다면 생활인에게 인내는 어떠한 의미를 주는 것인가. 우리는 호모종에 속하며 한 하늘 아래 하나의 국가공동체에서 살아간다. 어쩔수 없이 대한민국이라는 '민주공화국'의 일원이기에 본인의 사상, 정견, 철학, 종교, 재산, 학식, 성별의 차이에도 불구하고 싫든 좋든 자신의 호불호 친불친과 관계없이 정치, 경제, 사회, 문화를 떠나서 살아갈 수 없다.

때문에 나의 조국과 내가 살아가는 공동체가 마음에 들지 않아도 인내하고 기다리며 참아낼 수 있어야 한다. 인내는 처신과 처세의 문제만이 아니기에 물고기가 물속에서 자연스럽게 헤엄치듯 사람에게 착근하고, 사람으로부터 나오는 신뢰에서 힘이 축적될 때까지 참아야 한다. 인내의 노력과 기다림의 시간은 결코 배신의 열매를 키우지 않으며, 참고 기다리며 인내한 세월은 마침내 오늘을 살아가는 나의 삶에 나이테로 남겨질 것이다.

04
겸손하기

　우리가 살고있는 은하에는 약 2천억 개의 별이 있으며, 우주 전체에는 헤아릴 수 없을 정도로 많은 은하가 있다. 지구의 모래 알(Billions and Billions)만큼이나 많은 별들이 우주 안에 흩어져 있다. 이렇게 많은 별들 가운데 지구처럼 인간 같은 고등 생명체나 지능을 지닌 생명체가 살고 있는지는 아직 공식적으로 확인되지 않았다.

　우리에게 텔레비전 시리즈물 〈코스모스〉와 영화 〈컨택트〉의 원저자로 잘 알려진 미국의 천문학자 칼 세이건(Carl Sagan)은 우주는 인간만을 위해 만들어진 것이 아니라고 말했다. 우주는 인간만이 존재하고 향유하기에는 너무도 넓고 크며 아름다운 곳이라서 반드시 우주 어딘가에 인간만이 아닌 생명체가 존재할 것이라는 뜻일 테다.

　아직도 우주는 팽창하고 있고 우주의 끝은 없다. 이처럼 무한한 곳에서 인간만이 유일하며 절대적 존재라고 믿고 있는 사람들을 순진하다고 생각하는 것은 천문학자의 입장에서는 너무도 당연한 귀결이다.

지구라는 작지만 아름다운 행성에 인간이라는 생각할 수 있는 종이 있음으로 해서 우주라는 거대 무한 공간의 존재의 의미가 있는지도 모르겠다. 실제 과학이 발전하면서 절대적 법칙이 지배하던 고전물리학의 시대에서 시공간마저도 상대적이라는 상대성이론의 시대를 지나 현대물리학은 양자역학의 시대로까지 발전했다.

양자역학과 양자물리학의 시각에서보면 이 무변광대한 우주라는 것도 인간이라는 관찰자 즉 인간이 바라보지 않는다면 존재하지 않음과 다름없다니 우주가 아름다운 이유는 지능 있는 행성 우리 지구가 존재하기 때문이고 별의 티끌에 불과하지만, 인간이 존재하기 때문에 우주의 존재가 의미 있는 일이 되는 것이다. 여튼 별들이 총총한 하늘을 바라보면 가슴이 뛰고 경외감이 드는 것인 나만의 생각인가.

겸손이란 말을 끌어오기 위해 우주까지 동원했다. 우리 존재를 낮추거나 무시하기 위함이 아니라 무한한 시·공간에서 인간이란 나약한 존재가 벌이고 있는 오만과 우쭐됨이 얼마나 부질없는 것인가를 말하기 위함이다.

사람은 크게 두 부류로 나눌 수 있단다. 강한 자에게는 한없이 약하고 약한 자에게는 한없이 강한 부류와 강한 자에게 강하고 약한 자에게는 약한 부류로 말이다. 현실을 보면 거의 맞는 얘기가 아닐 수 없다. 자신이 먼저 알았다고 또 많이 안다고 해서 잘난 체하며, 또 먼저 많이 가졌다고 타인을 무시하고 억누르려는 마음을 갖게 하는 비참한 현실! 정글의 모습을 한 우리 사회의 현실이다. 나훈아의 형님이라는 테스형이 말한 것처럼 인간은 무지에 대한 지 즉 자신이 모른다는 것을 알아차리고 겸손하게 인정하는 것이 진정한 앎으로 가는 유일한 길이다.

우리가 가져야 할 여러 덕목 가운데 겸손이야말로 참 미덕이다. 내가 먼저 알았다고 먼저 가졌다고 잰 체하거나 뻐기지 않는 것, 자신을 낮추는 것, 사람 속으로 들어가는 것, 자기 무엇이 부족하고 무엇을 더 채우고 고쳐야 하는가를 기꺼이 받아들이는 마음 그것이 겸손일 테다.

사람들은 틈만 나면 정치인을 탓하고 욕한다. 그래서 스탈린은 "정치인은 강이 없는데도 다리를 놓겠다고 하는 사람들"이라며 정치인을 비꼬았다. 지금도 일부 정치인들은 선거철이면 자신이 하지도 않은 일을 마치 자신이 한 것처럼 나불대거나 가짜 민주주의 거짓 민주주의로 대중을 기만한다. 하지만 조금만 생각해보면 이게 어찌 정치인들의 문제란 말인가. 우리 스스로가 그러한 정치인들 바로 심판할 수 있는 준비와 내공이 부족하기에 그들의 눈 속임와 세치혀에 놀아나는 것은 아닌가.

동서고금을 막론하고 대접받고자 하는 사람은 먼저 타인을 섬겨야 한다. 서번트servernt 리더십이라는 말도 있지 않은가. 우주의 입장에서 보면 인간이야말로 정말 보잘것없이 작은 존재다. 그러나 보잘것없는 존재인 인간이 존재하지 않는 한 우주도 의미 없는 시공일 뿐이다. 더욱이 티끌 같은 인간이 지닌 겸손이라는 미덕이 있기에 이 아름다운 우주 또한 품어 낼 수 있는 것이다.

05
공평

구동존이(求同存異) '같은 점은 구하고 차이는 인정한다.'는 말이다. 나는 중국의 외교전략으로 많이 알려진 이 말을 좋아한다. 차이와 다름을 차별로 만드는 관용 없는 사회에서 우리 모두가 의식적으로 고민해봐야 할 말이라고 믿기 때문이다.

많은 사람들이 틀림과 다름을 왕왕 구별하지 않고 혼용해서 같은 뜻으로 사용한다. 틀림을 영어로 표현하면 wrong 또는 mistake로 '잘못되다'는 뜻일 테고, 다름은 differ(different)로 차이·구별이라는 뜻이겠다.

나뭇잎 꽃잎 하나도 같은 게 없는 것처럼 사람 모두는 다르다. 우주 삼라만상 모든 것이 어제 다르고 오늘 다르며 같은 것은 하나도 없다. 다르기때문에 소중하고 같은 것이 하나도 없기에 아름다운 것이다. 모든 것은 변화하고 세상에서 오직 유일한 진리는 어쩌면 변화한다는 사실 그 자체만은 변하지 않는다는 명징한 사실일 것이다.

차이와 다름을 인정하는 것에서부터 공평한 마음은 싹튼다고 본다. 공평이라는 것은 공정하고 평등하다는 뜻이겠다. 공정하다는 것은 있는 그대로를 인정하면서 여러 가지 다양한 눈과 귀로 봐주고 들어주며 공명정대한 입장을 만들어가는 것이리라. 평등이라는 것은 지위고하, 성·계급, 재산, 피부색 따위에 아랑곳하지 않고 인간(human)이라면 모든 천부적 인권과 가치는 똑같이 인정돼야 한다는 것이다. 이게 공평이고 관용일게다.

젊은 시절 '능력만큼 노동하고 필요만큼 소비하거나, 필요만큼 노동하고 필요만큼 생산하는 사회'를 꿈꾸기도 했다. 경제결정론이라는 결정적 오류로 맑시즘은 실패했다. 당시 꿈을 꾸던 20대 청년은 이제 586의 중년이 되었다. 당시 평등이라는 말은 거의 결과의 평등수준에 가까웠다. 그것이 공평하고 또 추구해야 할 가치라며 거리낌 없이 빈곤한 사상 덩어리를 날리곤 했다.

그런데 사회를 다양한 입장 그리고 공평한 눈으로 바라보게 되니 결과의 평등이란 있을 수 없다는 것을 알게 되었다. 기회의 평등 그것이야말로 진정 공평한 마음을 가지고 있는 이 시대의 자유인이 추구해야 할 가치이고 이것이 바로 서야 나라도 사회도 바로 설 수 있다고 믿는다. 그것이 정의의 길이고, 공공선을 추구하면서 공화적 공동체로 진일보하는 그나마 빠른 길이기 때문이다.

지금 시대 우리는 비판과 비난을 구분하지 못하고, 칭찬과 아부를 혼동하면서 산다. 맹자는 아첨하며 머리를 조아리는 것이 한여름 뙤약볕에서 밭을 매는 것보다 힘들다고 했다. 구분할 것은 분명히 구분하고 당당히 잘못된 것은 사사로운 마음 없이 비판하는 것 이것이 공평한 마음의 실천 방법이다. 당리당략으로 패거리를 지어 낯빛을 어지럽히면서도 하는 말들은 공평과 공정을 거리낌없이 이야기하는 시대다.

　공정함을 공평한 마음을 유지하면서 어려워도 차이와 다양성이 공존할 수 있도록 서로를 배려하는 사회, 구호화 되고 박제화 된 그런 일심단결이 아니라 그 차이가 창의가 되고 다양이 문화가 되는 넓은 마음이 필요하다. 입으로는 정의와 평등을 외치면서도 틈만 나면 협소하게 내 편 네 편하며 서로를 가르고 정의라는 이름의 횃불로 자유를 불태워 죽이려는 맹동은 없는가. 학의 다리가 길다고 자를 순 없지 않은가!

06
정직

　솔직한 마음, 곧은 마음, 반듯한 기상 나는 정직을 이렇게 해석한다. 행동으로는 거짓말 안하기, 양심 다치게 만들지 않기, 아는 것은 안다고 하고 모르는 것은 모른다고 떳떳하게 인정하는 것 그것을 정직의 행동이라 믿는다.

　바른말과 바른 태도만으로 살기에는 우리 시대 참 험했다. 그래도 양심수라 불리었고 그것이 그렇게 부끄럽지는 않았으며, 누구 눈치 보며 할 말 못 하지는 않았다.

　시간이 흐르고 어른(중년)이 되면서 선의든 악의든 어쩔 수 없이 때때로 거짓말도 하게 되고, 속이 불편에 화장실을 자주 드나들기도 했다. 요즘도 그렇고 왠지 맘에 없는 말 하려면 낯빛이 달라져 쉽게 마음 들키곤 한다. 아직 능수능란하고 단수 높은 사람이 되지 못한 이유이고, 내가 추구하고 있는 삶의 방식과 인생의 지망志望이 그러한 행동에 익숙해 있지 못한 때문이다.

　나는 사람들의 가장 중요한 덕목이 '결과에 감사하기'라고 믿는 사람이다. 그런데 이는 구체적으로 무엇을 뜻할까. 쉽게 말해 뿌린만큼 거둔다는 진실을 믿는 것 그리고 그 결과에 대해 스스로 책임지는 것 그것이 정직한 사람의 삶이고 인생의 방식이어야 할 것이다.

많이 가진 자 많이 배운 자들이 거짓도 많고 도둑질도 많이 한다. 그렇다 보니 예전 순수한 것을 순진하다 하듯 정직을 바보로로 취급하는 게 지금의 세태다. 초등학교 시절 어느 반이든 걸려 있었을 법한 급훈이'정직'이었다. 학교는 가르치는 곳이아니라 배우고 익히는 곳이다. 세상이 나의 거울이고 시대가 우리 정신의 지표이듯 아이들은 어른의 거울이고, 어른의 아버지다.

어릴 때는 정직이라는 것 그것이 가장 중요하고 배울 때도 역시 가장 중요한 덕목 가운데 하나라고 가르치면서 나이가 들고 가르칠 때는 어떠한가. 처신과 처세의 기술을 전수한답시고 하는 것이 반듯한 정직보다는 구불구불한 돌아감이 아닌가. 마치 대단한 지혜와 수완을 물려주는 것인 양 떠들어댄다.

배부른 돼지가 되기보다는 차라리 배고픈 인간이, 만족스러운 바보가 되기보다는 불만족스러운 소크라테스가 되는 것이 더 바람직하다는 말이 있다. 조금 불편해도 떳떳 당당하게 자기 이름 석 자 걸고 걷는 길이라면 반듯하게 걷자. 부끄럽지 않은 어른답게 살고자 한다면 수많은 곡선보다 직선으로 가는 길이 어떤 지름길보다 빠름을 아이들이 깨닫게 하자. 시원한 장맛비도 수직으로 서서 죽지 않느냐.

07
용기

　라이트 형제는 숱한 실패를 거듭한 끝에 비행할 수 있는 기쁨을 누렸다. 이카로스의 밀랍 날개가 인간이 하늘을 날고 싶었던 동경이었다면 이 동경을 현실로 만들기 위해 라이트 형제는 무수한 시행착오와 실패의 날들을 아프게 인내했다.

　모든 추락하는 것에는 날개가 없다는 두려움을 극복하려고 이들은 얼마나 자신을 채찍질하고 다짐했을까. 실패를 두려워하지 않는 아니 실패조차 기쁘게 감내하려는 용기 있는 마음을 모아 이들 형제는 꿈을 현실로 일궈냈다.

　1665년 아이작 뉴턴이 만유인력의 법칙을 발견했다. 뉴턴은 지구의 중력을 벗어나서 달까지 가려면 시속 4만 킬로미터라는 속도가 필요하다는 것을 계산했다. 그러나 말과 마차가 동력의 거의 전부였던 뉴턴의 시대에 시속 4만Km의 속도를 내야 한다는 것은 말 그대로 상상일 뿐이었을 것이다.

　그러나 인간은 용기 있는 챌린저가 있어 꿈꾸어 왔던 많은 상상들을 하나하나 현실화해 냈다. 달에 디뎠던 첫 걸음의 의미가 인간은 언젠가 지구라는 요람에서 나와야만 한다는 사실을 일

깨워 주는 것처럼 4차 산업혁명과 새로운 민주주의의 도약과 인간의 진보를 위한 길에 용기 있게 뛰어들어 판을 바꾸어야 한다. 요람에서 꿈꾸는 나약한 모습이 아닌 철저한 자기준비와 희생정신 그리고 자신감을 가지고 벅찬 상상력에 대한 도전해야 한다.

누군가 말했다. 배를 만들고 싶다면 "나무를 베어와라. 밧줄을 만들어라. 돛을 구해와라."하고 지시하는 게 아니라 바다를 알려주고 바다에 대한 동경을 갖게 하는 것이라고.

바다의 신이 포악하기로 유명한 포세이돈인 이유는 바다에 대한 인간의 두려움이 낳은 결과였지만 지금 인간은 어떠한가. 바다는 여전히 위험하고 두려운 바다인 것은 똑같지만 무한한 가능성과 미래가 있는 바다에 대한 동경은 인간에게 도전과 동기를 부여했고 인간은 바다 없이는 하루도 살기 어려운 존재가 되었다.

자신을 알아달라고 사랑해달라고 구걸하듯 외치거나 몸부림치기 전에 정말 자기 스스로가 자신과 이웃과 공동체에 대한 용기 있는 사랑을 하고 있는지 돌아봐야 한다. 공자는 소인과 군자의 차이를 논하면서 문제를 자기에게서 찾지 않고 밖에서 구하는 자는 소인이고, 어떠한 문제라도 본인에게서 구하는 자가 군자라고 했다.

저울의 추는 내가 저울에 올라가지 않으면 움직이지 않는다. 자신의 마음과 이웃의 마음도 같다. 온전히 함께 공유할 때 함께 웃고 기뻐할 수 있을 것이다. 두려움을 날릴 수 있는 기쁜 마음으로 출렁이는 사람의 바다에서 우리의 동경을 현실로 만들어 보는 일을 지금부터 당장 시작하는 것 그것이 바로 용기다.

08
예의

공자께서 말씀하셨다. "군자는 다툴 것이 없으나, 꼭 있다면 활쏘기일 것이다. 서로 읍하고 사양하며 사당에 오르고, 시합이 끝나 내려와서는 벌주를 마시니, 그 다툼도 군자답다."

子曰 君子無所爭 必也射乎 揖讓而升 下而飮 其爭也君子
자왈 군자무소쟁 필야사호 읍양이승 하이음 기쟁야군자.

군자君子는 사람과 다투는 바가 없고 일에서도 다투는 바가 없어 모든 것을 예를 갖추어 사양하며 얻는다. 이를 예양禮讓이라한다. 공자는 육예 가운데 하나인 사 즉 활쏘기의 예를 들어 군자의 처세와 태도를 얘기하고 있다.

활쏘기 시합을 시작할 때는 서로 마주보고 인사하면서 예양을 표시하고, 그런 다음 시합을 하고 승부에 상관없이 술 한 잔을 마시면서, 이긴 사람은 '사양해 주셔서 감사합니다.'하고 진 사람은 '잘 배웠습니다.'하면서 예의를 갖춘다. 비록 경쟁하는 입장이라 할지라도 항상 예의와 인문을 지킨다는 뜻이다.

활을 배우면 먼저 접하는 원칙이 있는데 궁도구계훈과 집궁제원칙이다. 궁도구계훈에 불원승자不怨勝者-이긴사람을 원망하지 않는다-라는 말이 있고, 집궁제원칙에 발이부중發而不中 반구제기反求諸己-쏘아서 맞지 않으면 자신의 마음가짐과 자세에서 찾는다-라는 말이 있다. '불원승자 반구제기'라는 말은 공자가 한말로 맹자에도 그리고 중용에도 나오는 중요한 말인데 다툼도 예의 있게 하고 문제도 객관이 아닌 자신과 사람에게서 찾아야 한다는 중요한 얘기다. 즉 남 탓 객관 탓하지 말고 자기에게서 문제를 찾고 해결하라는 말이리라.

예의 문제를 얘기하면서 2,500년 전 성현의 가르침을 길게 따왔다. 그리고 내가 즐겨하는 궁도까지 끌어왔다. 물론 지금 사회 예의나 예가 얼마나 많이 없어지고 사라지고 있는가. 물론 예의가 조금 없다고 해서 큰 문제가 되지 않을 수도 있다. 하지만 지키면 아름답고 있으면 존중받거나 존경받는 것 그래서 사람됨의 잣대가 될 만한 근거를 나는 예에서 찾을 수 있다고 믿는다.

살다보면 경쟁은 기본이다. 누구는 경쟁은 거지 같지만 경쟁하지 않으면 거지가 된다며 경쟁의 어쩔 수 없음을 얘기했다. 일면 맞는 말씀이지만 경쟁하지 않을 것까지 경쟁으로 몰아가고 불필요한 싸움과 경쟁 때문에 스스로를 허비하는 삶이야말로 각박하다 못해 잔인할 지경이다.

유치원부터 대학교까지 창살 없는 시설 쓸만한 학교라는 감옥에 갇혀 십수 년을 벗들과 경쟁을 하면서 보낸다. 사회에 나오면 취업과 취업이후에는 승진을 위해 동료와 경쟁을 하면서 팍팍하게 살아간다. 이 가운데 생산적이고 전진적이며 혁신적인 경쟁은 얼마나 되던가. 사실 우리가 하고 있는 대부분의 경쟁은 소모적이며 인간성을 파괴하고 퇴행적인 것이 다수다. 경쟁을 최소화 하고 그 자리에 예를 세우는 것이야말로 개인의 수양을 넘어 공동체의 가치를 실현하는 지름길이 될 것이다.

예의를 매너와 에티켓 등으로 포장된 처세술의 문제로 범주를 국한시키면 안 될 일이다. 텅 빈 머리로 진정성 없이 하는 인사와 읊조림이 어떤 감흥을 대중에게 선물할 수 있겠는가. 정말이지 마음을 다해 예를 다해 자신이 믿는 종교나 자신의 조상 모시듯 사람에게 역사에 복무해보자.

우리는 사람이다. 사람이라면 먼저 사람이 되어야 하고 마땅히 사람 노릇 할 수 있어야 한다. 예의야말로 타인에 대한 배려이자 자신에 대한 마음 씀씀이다. 우리나라 동이민족은 공자님도 부러워한 군자가 결코 죽지 않는다는 군자불사지국君子不死之國으로 예양이 넘치는 군자들의 나라였음을 자랑스럽게 기억해야 한다.

09
유머

70년대 군사독재시절 어느 대학에서 실제 있었던 일을 어느 선배에게 들은 얘기다.

학교에서 데모를 조직하고 연설을 하고 있는데 경찰과 전경들이 가로 막자 이사람 이렇게 말했단다.

"경찰은 즉각 물러가라. 만약 즉각 물러가지 않는다면 ....(한참을 뜸을 들인 뒤, 경찰이 물러간 예도 없고 그럴 기미도 보이지 않자) 잠시 후에 물러가도 좋다."

긴장하고 엄숙했던 시위대와 경찰 측 모두가 뻥 터졌단다. 하루하루가 전쟁 같기만 했던 독재시절에도 이런 그가 했던 유머와 순간의 기지는 운동권 내에서 두고두고 회자 되곤 한다.

유머란 개그맨의 전유물이 아니다. 유머가 진정으로 필요한 곳은 무대나 극장이라기보다는 첨예하게 대립하고 있는 각박한 정치판이고 퍽퍽한 우리네 살림 판이다. 해학과 기지, 재치와 웃음이 필요한 곳과 때는 언제나 이어야 하고 일상이라는 얘기다.

예전 조선시대 왕과 신하들이 했다는 '공당놀이'에서 그리고 태조 이성계와 무학대사와의 '부처의 눈에는 부처만 보이고 돼지의 눈에는 돼지만 보인다.'는 대화에서 우리는 군주와 신하라는 수직적 서열보다는 벗과 사람 사이의 기지와 해학이 넘쳐남을 느낄 수 있다.

사막이 아름다울 수 있는 것은 어딘가에 오아시스가 있기 때문이라고 어린왕자는 말한다. 가도 가도 끝이 없다면, 시지프스의 바위를 굴리는 것이 우리네 서민의 삶이라면 이건 정말이지 살기 싫을 것이다. 끝내고 싶을 것이다.

유머는 찡그린 얼굴을 펴게 만드는 비타민이고, 축 처진 어깨를 일으켜 세우는 영양제이며, 전쟁 같은 날들을 버티며 희망 있는 싸움을 하는 많은 생활인을 위한 활력소다.

한동안 방송3사 TV 정규 방송에서 개그프로그램이 사라졌었다. 국민이 웃음을 접할 수 있는 기회도 쪼그라들었다. TV를 틀면 주야장천 뉴스만 나온다. 뉴스야말로 거의 대부분이 19금이다. 싸우고 욕하고, 죽고 죽이는 이야기로 채워진 뉴스가 19금이 아니면 무엇이 19금이란 말인가. 아침 드라마는 막장이고 서민들은 트로트만 나오는 음악방송만 들으며 살아가란 말인가. 참말로 답답하다.

가끔 섹시한 마를린 먼로의 입술위에 있는 점을 지우고, 연예인 정봉남의 점으로 만들어 보는 상상을 해보라. 웃음이 절로 나온다. 행복해서 웃는 게 아니라 웃어서 행복하다는 사실은 이미 과학적으로 밝혀진지 오래다.

1% 특권세력 기득권층을 위해 99% 시민이 힘겨운 세상을 살아간다. 우리 사회 양극화의 모순은 계속 심화되고 시장의 패배자는 늘어만 간다. 그들의 꾹 다문 입술을 열게 하고, 쳐진 입 꼬리를 올려주어 잠시라도 일상의 고단함을 잊고 웃음을 짓고 미소를 머금게 만들어주는 것이 정부가 해야 할 일이고 방송국이 해야 할 일이고 지식인들이 해야 할 일이다. 정부는 국민이 하루에 한 번이라도 다만 몇 분씩이라도 웃을 수 있도록 모든 노력을 기울여야 한다. 웃음을 잃은 민족에게 미래는 없기 때문이다.

10
성실

무언가를 성취했거나 탁월한 업적을 남겼거나 이러저러한 성공을 이룬 사람들에게 공통적으로 따라붙는 단어는 성실이라는 것이다. 성실이라는 것처럼 쉬우면서도 실천하기 어려운 것이 세상에 또 있을까.

성실하다는 것은 작심하고 계획한 일들을 비가 오나 눈이 오나 신실한 마음으로 지키며 해내는 것이다. 흔히들 작심삼일이라 해서 결심이 며칠 가지 못함을 이야기하지만 그런데 작심한다는 것은 마음을 만들고 마음을 세우며 그래서 마침내 그 마음을 다잡는 일로 생각처럼 쉬운 게 아닌 것이다.

살면서 누군가와 의기투합을 해서 무언가를 일관되게 추진하는 것도 쉬운 일이 아니며, 더욱이 혼자의 힘으로 외로운 결단을 내려야 하고 그것을 지킨다는 것은 그리 녹녹치 않은 작업이다. 성실한 마음을 지키는 것이 물건 지키기보다 어렵기 때문이다.

취미로라도 운동을 해보면 보통 3년 정도가 지나야 그 방면에서 어느 정도 성취를 이룰 수 있다. 시간과 노력이 켜켜이 쌓여야 그 결실을 조금 맛볼 수 있다. 특히 중요한 것은 매일 또는 매주 꾸준히 그저 시간을 들여야 한다는 것이다.

공부를 하거나 운동을 하거나 일을 하거나 무엇보다 중요한 것은 때때로 꾸준히 지속적으로 하는 것이다. 이렇게 하려면 습관이 되어야 하는데 3주 즉 21일간 '아침에 일찍 일어나기' '독서하기' 등 어떠한 일이든 꾸준히 하면 그것이 습관이 되어서 어렵지 않게 할 수 있다는 책도 있고, '1만 시간의 법칙'이라는 책을 보면 어떤 일이든 1만 시간을 쏟으면 그 분야에서는 거의 전문가 수준이 된다고 주장하기도 한다. 이러한 주장들도 결국 근면하고 성실하게 무언가를 꾸준히 실천할 때 성과와 성취를 이룰 수 있다고 제시한다.

우리는 아침에 배달되는 신문이나 우유를 별 고민 없이 받아볼 때 무슨 생각을 할까. "아침 어떤 뉴스가 나왔을까 아니면 오늘 우유는 신선한데."하는 생각들은 아닌지. 그런데 조금만 마음 써 고민해보면, 우유와 신문이 온 것이 아니라 새벽 찬 공기를 뚫고 언 손 비비며 왔을 신문 배달부와 우유 아주머니 아저씨의 정성이고 고마움이다. 우유와 신문이라는 물건이 아닌 하루를 빼놓지 않는 사람의 노고와 성실함이 우리 집 앞에 배달되는 것으로 이해해야 한다.

일본의 대표적인 인재양성 기관인 마쓰시다 정경숙政經塾에서 기숙하는 학생이 꼭 지켜야 할 일은 자기 방은 자기가 알아서 치운다는 '청소하기'다. 그리 어려운 일 같지 않지만 자신의 방은 반드시 자신이 청소해야 한다는 원칙을 지키지 못하면 퇴교 조치다. 청소하기라는 작지만 성실한 행동을 할 수 없다면 인재로 키워질 수 없다는 단호한 조치인 것이다.

성실하다는 것은 DNA로 타고나는 것이 아니다. 땀 흘리는 사람 소중히 여기고, 그 땀방울의 진정성을 믿으며 그들의 마음을 이해할 때 본인도 성실이 왜 필요한지 느끼게 된다. 사람의 마음이 전달되는 신문 한 장 우유 한 팩에서 사람의 정성을 발견하듯 성실은 관점과 입장을 바로 하면 다르게 보일 수 있는 것이다.

길이 멀어야 말의 힘을 알 수 있고, 일이 오래되어야 사람의 마음이 드러나는 법이다. 석가모니의 마지막 유언은 방일放逸(자신과 남들의 행복과 이익에 도움이 되는 선을 짓는데 게을리 하도록 하고 도덕적으로 나쁜 행위들을 하게 만드는 심소이다. 일상적으로는 제멋대로 거리낌 없이 노는 것, 다시 말해서 방종하여 욕망이 작용하는 대로 흘러 선을 힘쓰지 않는 마음의 상태를 말함)하지 말라는 말이다. 인생이라는 먼 길에 많은 어려운 숙제를 우리는 떠안고 있다. 방일하지 않고 성실함과 愼獨신독의 마음으로 누가 보던 그렇지 않던 함께 가자 이 길을.

선거정음

1판 1쇄 인쇄 2023년 12월 25일
1판 1쇄 발행 2024년 1월 5일

저 자 정현태
발 행 홍기표
인 쇄 정우인쇄
편 집 이지선
디자인 이소영
글통 출판사
출판 등록 2011년4월4일(제319-2011-18호)
팩스 0260040276. facebook.com/geultong
geultong@daum.net

ISBN 979-11-85032-88-7

가격 : 20,000원